AF591765

Lettres

de

Joseph Boyer

A Fr.

AVIGNON, AUBANEL FRÈRES
1917

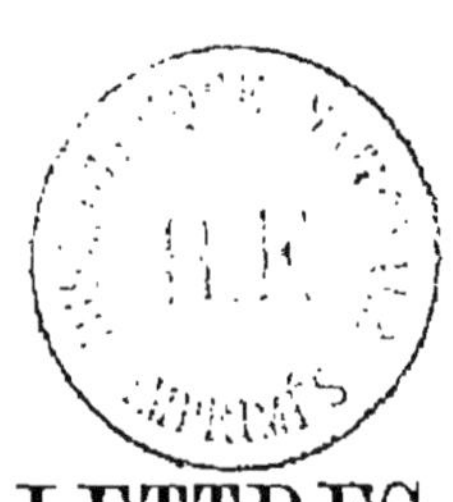

LETTRES DE JOSEPH BOYER

Cette édition, tirée à petit nombre,
n'est pas dans le commerce.

LETTRES DE JOSEPH BOYER, Licencié en Droit, Diplômé des Sciences politiques, Sous-Lieutenant au 76me d'Infanterie, Décoré de la Croix de guerre. Mort au champ d'honneur le 26 septembre 1916, à Bouchavesnes (Somme).

Avignon, Aubanel Frères,
1917.

LETTRES DE JOSEPH BOYER

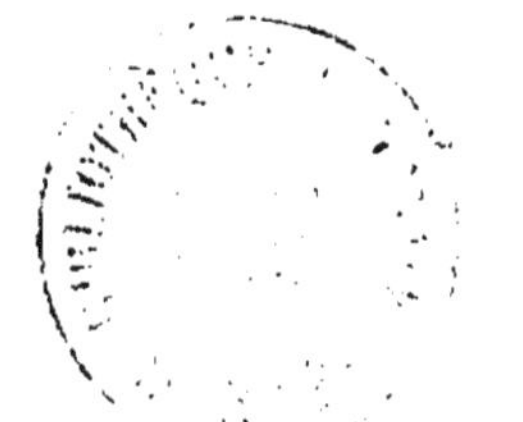

Ce dimanche, 14 février 1915.

MON CHER PAPA,

Un simple mot, que la censure et le remue-ménage de l'arrivée m'obligent à abréger, ne saurait vous transmettre toutes les impressions qui tour à tour ont occupé mon esprit depuis le moment de notre séparation. Après trente-huit heures d'un voyage pittoresque, mais fatigant, nous avons débarqué à l'aube à Dombasle, en Argonne, et là par étapes nous nous sommes acheminés vers le village qui nous sert de cantonnement. Ce sera pour moi une impression inoubliable que celle de mon arrivée dans cette petite gare de l'Est. On nous a rassemblés alors que la nuit était encore noire, que l'horizon était tourmenté par le bruit de la canonnade qui ne faisait trêve. Un grand vent froid nous apportait de gros nuages noirs qui bientôt se déversaient sur nous, rendant notre marche plus pénible. Au cours de notre route nous devions rencontrer des tranchées allemandes abandonnées lors de la retraite de la Marne et des traces sinistres de leur passage. Ah! comme tous ces enfants du Midi sous le coup de telles impressions perdirent de leur forfanterie!

Je vous assure que je ne regrette aucun des vêtements chauds que j'ai pu emporter. Je ne pouvais soupçonner trouver pareil temps. Pourrez-vous me lire? Je vous écris couché sur un peu de paille, dans une grange située à deux kilomètres du village, au milieu du brouhaha de la compagnie. Quand la rafale cesse j'entends comme un long bruit de tonnerre; c'est peut-être notre 75.

Remerciez bien tante Marie d'être venue à la caserne. On n'a pu me renseigner encore sur mon secteur postal; je voudrais vous le faire connaître au plus vite pour pouvoir recevoir de vos nouvelles bientôt. Baisers à tous.

Adresse exacte d'Edouard, s. v. p.

Jeudi, 18 février 1915.

MA CHÈRE MAMAN,

... Hier nous avons fait une marche très pénible : chargement complet, route boueuse et accidentée. Je vous assure qu'il a fallu rassembler toute ma bonne volonté pour faire jusqu'au bout mon devoir, et toute la foi et l'éducation que je vous dois pour ne pas épouser certaines opinions qui circulaient autour de moi. Aujourd'hui, par suite de l'effort que nous avons dû fournir hier, nous avons repos tout le jour. Mais il est arrivé justement que c'était à mon escouade de prendre la faction et on va monter la garde de bon cœur. J'espère que vous avez toujours de bonnes nouvelles d'Edouard. Je n'ai encore rien reçu de vous. Hier j'ai marchandé un œuf dix-huit sous! un litre de lait vingt-cinq sous!

Bons baisers et à bientôt des nouvelles de vous tous.

Samedi, 20 février 1915.

Mon cher Papa,

...J'espère que vous recevez de mes nouvelles : jusqu'ici chaque jour j'ai pu vous écrire plus ou moins longuement; mais de la famille je n'ai encore rien reçu. Aussi vous pensez combien la première lettre que je recevrai sera la bienvenue, car elle me procurera la distraction qui nous manque bien ici. C'eût toujours été ma satisfaction de me rencontrer avec un camarade avec lequel j'eusse pu, aux moments de loisir, m'entretenir de toutes les choses qui ornent l'esprit ou affermissent l'âme. Il n'est, aux moments de repos, pas de charme plus grand qu'une conversation entre deux natures qui, des choses se font une conception identique. A ce propos je ne puis me rappeler sans mélancolie certaines causeries avec de vrais camarades que je me suis faits à Paris. Hier un commandant, venu par ordre du général de division, nous a passé une inspection. Sur le flanc de la colline, il nous a rassemblés et d'une voix forte et décidée, il nous a parlé des choses de la guerre. Je n'ose vous répéter ses paroles par peur de la censure; mais je les ai consignées sur le carnet de tante Cécile.

Bons baisers.

Dimanche, 21 février 1915.

MA CHÈRE MAMAN,

Pauvre dimanche sombre et morose, lorsque je le compare à ceux passés l'an dernier à Paris, et qui se terminaient par la soirée chez ces excellents Rabot, ou à ceux qui naguère encore s'écoulaient dans l'intimité et la tiédeur du foyer familial. Ici rien ne vous dit que c'est aujourd'hui fête, pas même la cloche d'un village vous conviant au sacrifice divin. Le soleil lui-même n'a pas voulu nous envoyer un peu de sa chaleur dont nous aurions si grand besoin; au contraire le ciel est plus bas et plus noir que jamais, la neige tombe avec abondance sur une campagne désolée.... Combien je voudrais vous raconter de choses, mais je suis obligé d'économiser mon stock de cartes et je ne puis ici tout vous dire. Mais sur le carnet de tante Cécile je note mes impressions et les incidents dont je suis témoin. Vous pourrez jeter les yeux sur ces quelques notes à mon retour. Ce que je souhaite maintenant c'est de vos nouvelles qui se font attendre.

Mardi, 23 février 1915.

Mon cher Paul,

Ton désir s'est trouvé réalisé; ta lettre m'est arrivée la première. Hier le vaguemestre a fait la première distribution : cinq cents lettres à remettre à deux compagnies, parmi lesquelles se trouvait la tienne. Je l'ai lue avec infiniment de joie. C'étaient les premières nouvelles de la famille. Je te remercie du fond du cœur des paroles si touchantes que tu as à mon égard; comme tu me le demandes, ma prière s'élèvera souvent vers Dieu par l'intermédiaire de ta tante; ainsi pourrai-je affermir ma confiance dans l'issue heureuse de cette dure épreuve. Sur mes faits et gestes je ne puis te donner que de l'imprécis. Hier encore on nous réunissait pour nous lire une note du Corps d'armée nous interdisant de fournir à notre famille des renseignements intéressant l'état et la situation des armées, sous sanction des peines les plus sévères. Aussi dois-je fermer le bec. D'ailleurs les cartes adressées à papa et à maman te renseigneront peut-être suffisamment. Nous sommes menés énergiquement, c'est ce qu'il faut pour des natures méridionales. Nous souffrons de l'humidité et du froid aux pieds. Nous assistons aussi à de beaux feux d'artifice. C'est une vie si extraordinaire, si nouvelle pour moi que je ne puis pas ne pas m'y intéresser. Ce dont je souffre certainement le plus c'est, je l'ai déjà écrit à papa et consigné dans mes notes, de l'absence d'ami véritable; malgré tous les efforts, parfois répugnants, que je fais pour me mettre au niveau de ceux qui m'entourent je me sens isolé. Comme je suis loin du quai d'Orsay! Aussi tâcherai-je de faire valoir, le moment venu, mes connaissances en allemand. Mais dans la vie militaire il n'en est pas comme dans la vie civile. Il y a une hiérarchie et une discipline; on n'offre pas ses services, on attend qu'on vous les demande. Ecris-moi souvent.

Bons baisers place Grand-Paradis.

Ton frère affectionné.

Jeudi, 25 février 1915.

MA CHÈRE MAMAN,

... C'est la première fois de ma vie, peut-être, que j'ai ressenti une joie aussi vive à lire de vos lettres; cela sans doute parce que je me sens un peu isolé et que je ne peux toujours causer selon mon désir. Je crois que jamais comme maintenant, où l'on se sent si peu sûr du lendemain, la nécessité de la religion ne m'est apparue, complétée par une culture solide sur laquelle est basée l'idée de patrie. Religion et culture sont les deux piliers qui soutiennent le courage, aident à supporter les souffrances, fortifient l'espérance de l'avenir; supprimez ces deux soutiens, c'est l'effondrement de la vie intelligente, l'existence bestiale....

Lundi, 1er mars 1915.

MA CHÈRE MARIE,

Je suis heureux de trouver un moment pour t'envoyer de mes nouvelles après deux rudes journées. Samedi soir ma compagnie recevait l'ordre de partir au moment où j'écrivais à Anne, et c'est avec précipitation que je dus terminer ma lettre. Nous partions donc un quart d'heure après l'ordre. J'étais chargé comme un mulet. Nous voilà arpentant ces chemins si pénibles de l'Est, parce qu'au lieu de piquer droit suivant la même pente ils contournent tous les replis des vallonnements. Nous marchions ignorant le but et le point terminus de notre expédition. Mais tandis que nous cheminions à travers des terres dont la désolation est inexprimable, le bruit de la mitraille se faisait de plus en plus distinct à nos oreilles. Nous comprîmes alors où l'on nous menait. Sur un immense plateau où la neige nous cinglait le visage, où des traces visibles des chocs récents jonchaient le terrain, au milieu de tout cet ensemble enfin qui n'était autre que celui d'un champ de bataille, j'eus un serrement de gorge et longtemps je restai muet. Je me demandais si réellement je me trouvais en France, pays aux charmes si variés, aux reliefs si divers, et qui pourtant en cet endroit présentait l'aspect le plus lugubre que je ne connus jamais. Au crépuscule nous arrivâmes au lieu désigné : un village au pied d'une colline boisée. Pauvre petit village! presque un amas de pierres informes; seule émerge l'église intacte dans laquelle pénètrent par moment des brancardiers transportant des blessés dont le visage pour la plupart est recouvert. Encore trois kilomètres — au nord du village — de nouveau un immense plateau sur le pourtour duquel c'est le feu d'artifice dans toute sa splendeur. Le bruit sec et dégagé de nos 75, le bruit sourd semblable à un coup de massue du 77 allemand, mais surtout, plus impressionnant, le crachement des mitrailleuses. Nous, nous sommes dans l'ombre, aplatis contre le sol chaque fois qu'apparaît une fusée lumineuse, ne nous battant pas, mais prêts à supporter le choc au moindre fléchissement de nos camarades. Près de nous gisaient des cadavres allemands et sur eux, sans cesse passaient la rafale, le vent, la neige. A deux heures et demie du matin tout était fini. Après une demi-heure de repos nous dûmes immédiatement regagner notre cantonnement, couvrant dans l'espace de midi et demi (samedi) à sept heures du matin (dimanche) une distance d'environ cinquante kilomètres. Le retour, je vous l'avoue, fût très pénible; la surexcitation morale, jointe à la fatigue physique, me donnait des allures d'automate. Je marchais, toujours sans dire mot, ressentant parfois la douleur que me causait le sac dans les épaules et au cou, et lorsque le repos nous était commandé, je m'affalais sur le bord de la route, malgré la boue, et là je me serais laissé aller au sommeil si je n'avais réagi. Ce sont, je t'assure, ma chère Marie, des heures inoubliables; mais, je le jure, je n'ai pas eu une minute de découragement, et je ne veux jamais en avoir. Ce serait renier l'éducation que j'ai reçue et méconnaître tous les enseignements que j'ai puisés aux cours de mes études....

Mardi, 2 mars 1915.

MA CHÈRE MAMAN,

... Je suis ici bien à l'écart de tout ce qui se passe et, en dehors de la zone où je me trouve, je ne sais de quoi il retourne.... Ainsi je suis privé de ce qui est mon faible : me livrer à des réflexions d'ordre historique d'après les renseignements que je recueille dans diverses publications. Il paraîtrait cependant que les nouvelles sont bonnes pour nous. Saint-Mihiel aurait été repris, ainsi que Vauquois, près de Montfaucon. Avec la prise de Saint-Mihiel disparaîtrait une pointe dangereuse, et le front se trouverait modifié à notre avantage. Et l'Italie? la Roumanie? De graves événements, dit-on, se passent en Orient; les flottes alliées auraient forcé les Dardanelles. Si cela est vrai, ce serait pour nous peut-être un des événements les plus favorables depuis le début des hostilités; car l'anéantissement de l'Empire ottoman aurait une répercussion certaine en Europe et, sans doute, si ce n'est déjà fait, verrions-nous la Roumanie et l'Italie prendre enfin les armes. L'Italie ne saurait en effet rester impassible devant l'écroulement de la puissance ottomane, tant ses intérêts se sont accrus là-bas depuis quelques années. En tout cas l'Italie ne peut douter qu'une attitude active lui sera toujours mieux payée qu'une simple passivité devant les événements. En ne faisant rien, l'Italie aura sa part, mais combien accrue si elle agit! Quant à la Roumanie, se sentant plus tranquille sur ses derrières par suite de l'écrasement de la Turquie, et pour la même raison ayant à faire à une Bulgarie moins exigeante, elle ira franchement joindre ses bataillons à ceux des Russes. Je m'aperçois que sans le vouloir je suis en pleine politique extérieure; je n'ose dire que c'est l'habitude, mais plutôt l'intérêt que, grâce aux excellents professeurs que j'ai eus aux Sciences politiques, je porte à ces questions. Ce faisant, le temps a passé, et tandis que je termine ma lettre, le canon tonne à l'horizon. Il doit se passer là-bas quelque chose de formidable, cela se reconnaît au bruit; c'est dans la même direction où nous nous trouvions dimanche; peut-être va-t-on nous rappeler. Chose curieuse, il neige et fait froid et malgré cela il fait des éclairs et du tonnerre; peut-être est-ce un effet de la canonnade. J'ai peur que vous ne puissiez me lire, mais je vous écris accroupi dans la paille, à la faible lueur de la lanterne d'escouade.

Je vous embrasse bien tendrement ainsi que papa et Marie.

Samedi, 6 mars 1915.

MON CHER PAPA,

Hier je racontais à maman, aussi brièvement que je le pouvais, mes faits et gestes de ces jours derniers et la fatigue que j'avais ressentie à ce travail auquel rien ne m'avait préparé. Mais je suis plein de bonne volonté ; toujours davantage je puise dans la foi, dans mon éducation, dans mes chères études qui m'ont appris à tant aimer mon pays, les ressources d'énergie suffisantes pour supporter ces épreuves passagères. A peine hier matin étions-nous installés au cantonnement, qu'un ordre arrivait l'après-midi demandant tant d'hommes par compagnie pour X*** (Vme corps). Arriver harassé pour repartir, c'était dur. Heureusement pour moi, je n'étais pas parmi les désignés. Le chef m'a dit que si je voulais partir je n'avais qu'à permuter avec un camarade. Après réflexion, j'ai préféré rester. J'étais vraiment trop las pour faire un effort utile, et puisqu'on ne peut avoir de vie ordonnée sans principes, j'ai fait de celui-ci ma règle de conduite durant cette guerre : laisser ma destinée s'accomplir, ne rien faire pour la contrarier....

Dimanche, 7 mars 1915.

MA CHÈRE MAMAN,

Je ne comptais pas pouvoir aujourd'hui vous envoyer de mes nouvelles, car j'étais persuadé de partir la nuit dernière pour les tranchées. L'ordre n'est pas arrivé. On nous réserve, dit-on, pour une prochaine attaque. Quoiqu'il en soit, je suis heureux de me trouver au repos aujourd'hui, car le soleil s'est montré et ici nous vivons au jour le jour. Ce matin le Bon Dieu m'a accordé une grande grâce. Il a permis que j'assistasse à la messe et que je fisse mes pâques. Par l'intermédiaire du caporal infirmier (Frère mariste en résidence au Mexique) j'ai pu me rendre dans la petite église du village où nous nous trouvons et là j'ai demandé à Dieu et à la sainte Vierge de me rendre la confiance que le changement de régiment et la vision trop pessimiste de l'avenir avait ébranlée en moi. Ceux qui m'entourent se battent presque depuis le début des hostilités. Les jeunes ont presque tous disparu. Seuls, restent en nombre des territoriaux de la classe 1900, nés en pleine

Ile de France, vrais cœurs de Français, tous pères de famille et qui, au récit si imagé de leurs souffrances et des horreurs dont ils ont été les spectateurs et les acteurs, vous arrachent les larmes des yeux. A leur contact je me suis senti si petit garçon, tellement inexpérimenté, que j'ai perdu confiance. Mais je me suis remonté; car je suis persuadé que ces braves gens me feront profiter de leur expérience, et que leurs bonnes grosses mains caleuses seront là pour me soutenir et m'aider à donner le coup de pioche; j'aime à croire aussi qu'ils ont noirci le tableau des faits dont ils ont été les témoins. D'autre part je me rends compte chaque jour davantage que je suis tombé dans un excellent régiment....

Lundi, 8 mars 1915.

MON CHER PAPA,

... Je vois que j'ai encore un peu de temps devant moi et je continue ma causerie sur une deuxième carte. Hier dimanche profitant de la tranquillité dont nous jouissions, je suis, malgré la pluie, allé me laver à grande eau dans un ruisseau qui coule dans la prairie à quelques cents mètres de notre cantonnement. Tandis que je me débattais comme un canard heureux de trouver l'eau dont il a été longtemps privé, le tintement des cloches des villages d'alentour appelant les fidèles au service divin parvenait à mes oreilles en même temps que le grondement sourd du canon. Contraste vraiment impressionnant dans un même lieu : d'un côté, l'image suprême de la paix, le prêtre entouré de ses ouailles prosternées, priant dans un silence presque surnaturel Celui qui fait pousser les moissons, qui répand le bonheur dans tous les foyers et de qui relèvent les plus belles des vertus, la charité et l'amour du prochain; de l'autre, l'image la plus effroyable : la guerre où au milieu du tumulte infernal, les hommes s'entr'égorgent, saccagent et foulent aux pieds l'œuvre pacifique de plusieurs générations. Combien de sujets de méditation n'emporterai-je pas de cette campagne !...

Jeudi, 11 mars 1916.

MON CHER PAPA,

... Ce soir je reçois quatre lettres, une d'Anne (4 mars), de vous (6 mars), de maman (7 mars), et de Mme Rabot (8 mars). Vous pensez avec quelle joie j'ai dépouillé ce courrier de ministre et l'ai parcouru. J'ai été touché jusqu'au fond du cœur du sentiment de satisfaction que vous éprouvez à l'égard des pensées qui ici me servent de ligne de conduite actuellement. Mais c'est à vous comme à maman que je les dois et c'est à moi de vous remercier d'avoir fait tout ce qui était en votre pouvoir pour m'élever au-dessus de l'égoïsme et de la muflerie, hélas si répandue, pour me placer au sein de l'aristocratie intellectuelle et morale. Je souhaite que les Aubanel réussissent dans leur démarche. Ils paraissent tenir une bonne piste, Dieu fasse qu'elle soit fructueuse. J'ai pensé envoyer de mes nouvelles à Théo, mais j'ai craint que ce ne fût dangereux. Prenez avis de tante Cécile. La bonne Mme Rabot m'écrit une lettre pleine de sympathie. Elle m'offre de m'envoyer des effets chauds pour les pauvres déshérités.... Puisque vous le voulez bien, tenez-moi au courant des événements qui se déroulent dans le monde. Je vous le redis encore, c'est pour moi une des plus vives privations que celle de ne pouvoir plus prêter mon attention à ces questions de politique extérieure, à la question d'Orient, pour laquelle tant de vieux et de jeunes de la carrière se sont arraché les cheveux, et dont les phases m'ont au cours de mes études si vivement intéressé, surtout lorsque du haut de la chaire des Sciences politiques, mes maîtres Vandal et Renault les traitaient si magistralement. Tandis que je vous raconte ces choses, ma pensée instinctivement se reporte vers Paris, les Sciences politiques, les Affaires étrangères; et quand je me considère maintenant tout boueux, les mains caleuses, le visage entouré d'une barbe d'un mois et que je me reporte à ce que je faisais à pareille époque l'an dernier : me trouvant dans ma chambre, je jetais un dernier coup d'œil dans ma glace pour voir si mon tube et ma jaquette me seyaient bien avant de me rendre au quai d'Orsay; je me fais cette réflexion : non, vraiment, tu n'es plus le même homme. Et pourtant je le sens, si mon extérieur a changé, mes sentiments sont restés invariables....

Vendredi, 12 mars 1915.

Ma chère Maman,

Un mot seulement pour vous dire que je vais bien malgré l'effort très pénible que j'ai dû fournir. Mais si parfois, malgré toute ma bonne volonté, je sens mes forces physiques éprouvées à ce rude régime, je demeure plein de courage et offre toutes mes petites misères au Bon Dieu, convaincu qu'un jour je serai récompensé. Je pense d'ailleurs souvent qu'on prie pour nous deux à Avignon, et cela me donne de la force. Je vous adresse ces quelques lignes dans une grange éventrée de toutes parts par les obus. L'aspect général du pays est lamentable, quoique pittoresque au plus haut degré; il m'est malheureusement impossible de vous en consigner les traits. J'ai eu le temps de grignoter du nougat qui est excellent; ça m'a rappelé les dîners de l'époque de Noël à la maison....

Lundi, 22 mars 1915.

MON CHER PAPA,

... Ce matin j'ai été envoyé à la corvée de bois : le temps est superbe, on se sent presque grisé par les rayons d'un doux soleil de printemps, sous l'effet duquel la nature semble enfin dépouiller son caractère morose; à la lisière du bois je m'assieds; je songe aux charmes de la campagne parisienne que je parcourais il y a encore un an avec Edouard; je pense au Coteau que, sans doute, vous allez avoir la chance de bientôt habiter, où tout maintenant doit s'épanouir; je songe qu'avec les beaux jours la confiance doit renaître; je songe enfin à ma carrière future, et peut-être je construis trop de châteaux en Espagne; mais cela est si bon, si doux; songez-y bien, mon cher papa, surtout après les rudes journées de la semaine dernière; et comme au régiment il faut saisir toutes les bonnes occasions, je profite de ces moments de calme pour vous envoyer de mes nouvelles; qui sait, en effet, ce que nous ferons, où nous serons ce soir ? Cependant je ne puis prolonger trop longtemps ces lignes, car il faut participer un peu au travail des camarades qui derrière moi coupent le bois. Cela ne m'amuse pas; mais par esprit de camaraderie il faut y aller de mon coup de hache. Hier j'ai reçu la lettre de maman, une de tante Cécile, à laquelle j'ai répondu immédiatement dès le soir. Depuis quelques jours j'avais été privé de vos nouvelles, aussi les ai-je reçues la joie au cœur. Quatre bataillons de marche se concentrent ici. La localité regorge de capotes bleu horizon..., et l'épicerie se vide à vue d'œil !

Je vous embrasse bien tendrement, mon cher papa, ainsi que maman, Marie et les habitants du Grand-Paradis.

Mardi, 23 mars 1915.

Ma chère Maman,

Nous quittons notre cantonnement de trois jours pour une destination inconnue. C'est dommage, car malgré le peu de temps que nous étions restés ici, je m'y étais attaché : la paille était fraîche et abondante, la nature et les gens s'étaient montrés très bienveillants pour nous.

Tant pis ! Je vais endosser mon sac et partir pour je ne sais où, recommencer peut-être notre vie errante. Priez bien pour moi, car je me suis abandonné à la volonté de Dieu....

Mercredi, 24 mars 1915.

MON CHER PAPA,

Un changement brusque, complet s'est opéré. Le 58me bataillon de marche n'existe plus. Tous, sauf nos officiers et sous-officiers, ont été versés au 76me de ligne. Me voici donc, au moment où je commençais à connaître mes chefs, à les apprécier, surtout mon commandant de compagnie et mon sergent-major, où une certaine intimité commençait à s'établir entre moi et les hommes de mon escouade, dont certains avaient déjà à mon égard des paroles qui me touchaient jusqu'aux larmes, me voici donc, dis-je, à l'instant où la muraille de mon isolement peu à peu s'émiettait, que tout cela disparaît. Nous sommes maintenant dispersés dans tout le 76me. Heureusement que dans ma nouvelle escouade j'ai un Avignonais duquel, mutuellement dépaysés, je me suis instinctivement rapproché. L'élément du 76me est composé en moyenne partie d'Orléanais et de Parisiens : ils paraissent braves et accueillants. Cependant j'ai un gros chagrin qui me rend plus pénible mon isolement nouveau. Je vous réservais une surprise, mon cher papa, qui, j'en suis certain, autant qu'à moi vous aurait causé une grande joie : grâce à mon chef Augier et à mon lieutenant qui depuis quelques jours, avec une bienveillance soutenue, s'occupait de moi, j'étais proposé comme caporal et allais être nommé. Cela m'aurait permis de réaliser ce que au temps de mon service actif je n'avais jamais espéré avoir, et ce qui m'aurait surtout évité d'être pris parfois pour des corvées pénibles, pour lesquelles les travailleurs de la terre sont plus aptes que moi, et dont la difficulté se trouve quelque peu accrue par suite de la faiblesse que quelquefois je ressens du côté droit. La proposition qui était faite en ma faveur sombre donc, comme sombre mon ancienne unité. Lorsque hier matin le lieutenant et le chef m'ont fait appeler pour me dire ce qu'il en était et m'exprimer tout le regret de me voir partir, en me souhaitant bonne chance, j'étais très ému et j'ai pensé que c'était la volonté du Bon Dieu qu'il en fût ainsi. Le 76me que nous avons rejoint hier soir est au repos, mais pas pour longtemps, dit-on. Il paraît que nous allons faire une rude besogne dans un endroit difficile, où déjà au prix de grands sacrifices, il est vrai, un bon travail s'est fait; nous allons continuer. Je sens très nettement que je vais participer à d'importants événements dont le souvenir restera fixé dans ma mémoire jusqu'au dernier jour de ma vie. Priez bien pour Edouard et pour moi, afin que le Bon Dieu nous protège, nous donne l'énergie nécessaire pour supporter avec un moral élevé toutes les épreuves futures.

Voici ma nouvelle adresse : Boyer Joseph, soldat au 76me régiment d'infanterie, 1er bataillon, 2me compagnie, 4me section, secteur postal, numéro 10.

Mon dépôt est à Clignancourt. Ainsi, si je suis blessé, durant ma convalescence si je ne puis aller à Avignon, je serai à Paris, où Mme Rabot me tiendra lieu de mère....

Vendredi, 26 mars 1915.

MON CHER PAPA,

Je vous écris ces quelques lignes en songeant que peut-être de quelques jours je n'aurai la double joie de vous faire parvenir de mes nouvelles ni de recevoir des vôtres. Ce soir, paraît-il, nous devons partir pour remplacer les camarades qui depuis le début de la semaine se battent courageusement pour arracher aux Boches une position stratégique importante dont les journaux parlent souvent actuellement. Je pars plein de courage, plein de foi, mais naturellement le cœur un peu troublé, l'esprit inquiet. Je suis cependant bien encadré. Mon régiment a, paraît-il, une excellente réputation, les officiers ont, m'a-t-on dit, de réelles valeurs militaires; mon capitaine en particulier, sévère mais juste, a maintes fois fait preuve de la plus grande intelligence au contact de l'ennemi. La nourriture est supérieure à celle du 58me, mieux apprêtée, plus abondante surtout et plus variée; seulement on m'a dit de ne pas m'habituer à être toujours aussi bien nourri, car dans la tranchée il faut se serrer la ceinture. Je suis à la 13me escouade : le milieu n'est pas intéressant; pas de Parisiens, mais uniquement des hommes provenant d'un des derniers renforts et pris parmi des Périgourdins et Aveyronnais. Ils sont déjà d'un certain âge, quelque peu lourds et inertes. Ils ne vibrent pas. Mon caporal est un type à part, cependant. Il appartient à la territoriale (classe 1900). Bon papa, pas embêtant, paraissant déjà rompu au dur métier de la guerre; en lui j'ai confiance. Il est de Coulommiers, c'est dire qu'il a emprunté au Parisien de son ton gouailleur et de son allure débrouillarde....

Dimanche, 28 mars 1915.

MA CHÈRE MAMAN,

Ce soir nous partons pour la tranchée; tandis que je dispose de quelques minutes je viens vous embrasser ne sachant quand je pourrai le faire. Ce matin l'aumônier de la Division a dit la messe dans le grand vestibule du château du village où nous cantonnons. J'ai pu ainsi entendre l'évangile de la Passion avant de partir pour le feu. L'aumônier nous a fait un entretien de dix minutes. Il nous a dit que nous commencions la semaine sainte, la grande semaine du sacrifice et de même que Dieu avait subi pour nous les plus cruelles souffrances et même la mort, de même nous, nous devions dans le plus généreux élan offrir à Dieu et à notre chère patrie nos souffrances et même notre vie. Cette cérémonie si simple en ses formes extérieures, si grave et si grandiose en son fond, m'a profondément impressionné. Toujours sans nouvelles de vous depuis le 20 dernier. Elles me manquent bien surtout maintenant; pas de paquet non plus. Mais à l'épicerie du village j'ai pu m'approvisionner en vue du séjour dans la tranchée. J'espère aussi recevoir bientôt le paquet contenant le linge que je vous demandais; au prochain envoi, joignez une paire de chaussettes; ainsi, avec celle que vous avez dû déjà m'envoyer, j'en aurai trois dans mon sac, ce qui est suffisant pour l'instant. Il est l'heure de nous équiper; ma chère maman, je suis obligé de vous quitter. Le vent est frais, la nuit sera froide peut-être; mais je suis certain que vos prières me protégeront.

Je vous embrasse bien tendrement, ma chère maman, ainsi que papa, Marie et le Grand-Paradis. J'ai pensé aujourd'hui à la réunion de famille.

Lundi, 29 mars 1915.

MON CHER PAPA,

Je vous adresse ces quelques lignes de la tranchée où mon régiment se trouve depuis la nuit dernière; ce n'est pas sans difficulté que nous y avons pénétré, car la marche était rendue difficile par le clair de lune. Je viens de monter une faction derrière le créneau qui m'était assigné. Les Boches sont à quelques mètres de nous, mais on ne les voit pas. On ne tire par intermittence que quelques coups de fusil pour maintenir l'éveil. Mais en revanche l'artillerie donne bien. A chaque instant passent au-dessus de nous des obus et instinctivement je baisse la tête pour me protéger. Inutile de vous dire que l'endroit où nous nous trouvons est un amoncellement de ruines, un chaos affreux : des maisons sapées à leur base, des arbres déchiquetés, une terre tourmentée par les travaux du génie et les trous d'obus, et, ce qu'il y a de plus triste, des cadavres.... Heureusement qu'un beau soleil éclaire d'une lumière pure et radieuse cette contrée de larmes : ainsi ai-je le souvenir si cher pour moi de la famille et de la Provence, que Dieu m'accordera, j'espère, la grâce de revoir bientôt....

Mercredi, 31 mars 1915.

Ma chère Maman,

C'est encore de la tranchée que partiront ces quelques lignes. Quelle existence et quelle métamorphose dans ma vie ! Je crois bien que jamais vous ne pourrez vous en faire la juste notion. Si vous me voyiez je crois que vous ne voudriez plus me reconnaître comme votre fils. Le visage noirci par la boue et une barbe qui déjà frise, j'ai l'air d'un être de l'époque primaire tenant de l'homme et du singe. Ma peau de bouc achève de m'en donner l'aspect. Je saurai bien maintenant, ma chère maman, ce qu'est la souffrance et lorsque je retournerai à la maison je trouverai tout bien et tout beau. Ma tranchée n'a que huit mètres environ de longueur, c'est la largeur du chemin creux dans lequel elle est construite; à droite et à gauche, creusés sur les bas côtés du même chemin, les abris. Cette tranchée forme un petit poste avancé, elle contient deux escouades, dont la mienne. On nous apporte la nourriture le matin au petit jour, mais la boisson fait défaut, et c'est terrible que de souffrir de la soif. Pour nous désaltérer nous prenons des morceaux de neige que nous faisons fondre dans notre bouche. La neige tombe en effet, et dans notre trou de huit mètres de long sur un mètre et demi de large, c'est l'affreux gâchis. Je me demande comment je ne ressens pas davantage mes rhumatismes; c'est, je crois, une grâce du Bon Dieu. Les nuits sont en outre très pénibles. Je ne dis rien du froid aux pieds, mais ce que je connais de plus dur, c'est le manque de sommeil pendant plusieurs nuits consécutives. Toutes les deux heures nous sommes placés durant deux heures en sentinelles. Vous vous imaginez pendant ce temps la tension d'esprit qu'il faut avoir pour sonder l'obscurité, lorsque quelques mètres seulement vous séparent de l'ennemi. Quand on va se reposer, c'est ratatiné, replié, les pieds humides et gelés qu'on

3

cherche une petite place dans l'abri. Jamais je n'aurais cru la vie de tranchée si rude. Combien de fois l'idée d'un bon lit aux draps blancs, et du dîner de famille m'est venue à l'esprit. Vous vous imaginez ce que cela devient lorsqu'on est bombardé. Hier au soir ce fut infernal : tout se croisait sur nos têtes : obus de 75, obus allemands, et ce qu'il y a de plus terrible, les crapouillots. On s'était comme on dit « plaqué » et à chaque répit l'adjudant chef de poste nous demandait : « Pas de malheur, les gars? » Toujours sans rien de vous ; c'est bien long.

Je vous embrasse bien tendrement, ainsi que toute la famille.

Votre fils affectionné.

Samedi, 3 avril 1915.

MON CHER PAPA,

Nous avons été relevés cette nuit. Je suis maintenant au repos. Ainsi aurai-je la satisfaction de passer la fête de Pâques en tranquillité, hors du danger. Vous ne sauriez vous imaginer la joie que j'ai ressentie à quitter la tranchée pour quelques jours. Cette joie était partagée par tous mes camarades. Cette semaine a été tellement pénible, j'ai eu devant les yeux de telles visions, j'ai vu à mes côtés tomber tant de mes camarades fauchés par les épouvantables engins allemands, que j'ai cru souvent partager leur sort. Ce qui était, dans ces heures mémorables, pour moi, l'angoisse extrême, c'est que sans cesse revenait en moi la pensée des miens, pensée que je cherchais à écarter, mais qui sans cesse me poursuivait. Jamais je ne me serais représenté la guerre sous un tel aspect. On est là toute la journée prisonnier dans sa tranchée. Par moments, quelques coups de fusil, c'est insignifiant, on n'y prête aucune attention : on devise joyeusement. Puis soudain tout donne à la fois avec un bruit formidable. On est dans la tranchée, impuissant à se défendre contre la pluie et la mitraille, on va à droite, à gauche, on se serre les uns contre les autres; un camarade est enlevé à côté de vous, c'est affreux. La mitraille dure une heure au maximum et lorsque le calme revient, tandis que les brancardiers viennent accomplir leur triste travail, on reste atterré, la bouche est brûlante, la tête tourne, on se tâte instinctivement. Je vous assure, mon cher papa, que je vois maintenant avec un certain pessimisme l'issue de cette guerre si curieuse dans ses procédés. J'ai passé cinq jours dans les tranchées de première ligne : chaque jour, à la même heure, la même musique recommençait. Avec ces explosifs si variés, et si terriblement meurtriers, il se tuait en moins d'une heure plus d'hommes qu'en un jour si la guerre se développait normalement en rase campagne, et cela sans aucun résultat. Les Allemands sont formidablement retranchés; on n'aperçoit que les créneaux par où ils dirigent leurs tirs. Une attaque qui a pour simple but d'enlever cent cinquante mètres amène de telles pertes qu'on hésite à la faire. Aussi je désespère de voir ce conflit se solutionner militairement; plutôt par le côté économique et diplomatique; mais pouvons-nous réellement négocier alors que la France est occupée et la Belgique toujours asservie? Mais maintenant que nous sommes au repos, que nous avons pour nous désaltérer, nous avons repris notre entrain, et nous ne voulons plus pendant ce temps entendre parler des Boches. Le vaguemestre s'impatiente.

Je vous embrasse. A demain.

Pâques, le 4 avril 1915.

MA CHÈRE MAMAN,

Hier j'ai écrit à papa, mais j'étais encore tellement sous l'impression des précédentes journées que je ne sais plus trop ce que j'ai raconté. Le Bon Dieu a permis que je passe le samedi saint et la fête de Pâques au repos. Ce matin donc je me suis levé de bonne heure et dans l'église du village où nous cantonnons, je suis allé faire mes Pâques. Je ne pensais pas avoir cette consolation de la Providence cette année. La cérémonie fut très touchante. Cependant je ne pus entendre la messe, car il ne fallait pas trop m'éloigner du cantonnement. A mon retour, comme on m'a assuré que rien d'anormal n'était prévu, je suis allé entendre une partie de la grand'messe. Beaucoup d'officiers étaient présents, mais avec mon camarade Torelli, je représentais seul mon escouade. Un baryton de l'Opéra, qui est brancardier au régiment, a chanté. Le curé de la paroisse était aux anges. Après la messe nous nous sommes réunis quelques-uns. J'avais fêté Pâques spirituellement, il me fallait le fêter corporellement. Nous avons fait la tournée des épiceries, nous avons acheté des boîtes de conserves, biscuits, confitures, fromage et nous sommes allés nous installer sur la paille. Je dis paille, mais cependant ce sur quoi nous couchons n'a plus ni l'aspect, ni l'odeur de la paille. A ce point de vue nous avons très mal réussi cette fois comme cantonnement. Enfin le dîner était bon, aussi bon que peuvent être des conserves. On y aurait fait peut-être plus d'honneur si on ne se ressentait pas du retour des tranchées. Combien de fois à ce moment j'ai pensé à la rue Campane, à la table du dimanche, et combien je me suis attaché à ce souvenir. Quelle joie, ma chère maman, quelle joie de vous retrouver tous après la guerre si telle est la volonté de Dieu ! Je me sens vraiment isolé et si peu en harmonie de pensée et de manière de vivre avec tous ceux qui m'entourent. Mon escouade se trouve composée, je vous l'ai déjà dit, de vieux. Je suis le benjamin, comme on dit ici, le bleu de l'escouade. Aussi je suis obligé de payer ce titre par quelques corvées; les vieux sont sans doute plus patriotes et surtout plus dociles à la discipline que les autres; mais c'est le peuple et dans le fond on rencontre chez eux des sentiments identiques à ceux des basses classes du Midi. Ces sentiments je puis les définir en deux mots : égoïsme et intérêt. En voulez-vous un exemple? Avant-hier dans la nuit, en revenant des tranchées, j'étais brûlé par une soif comme jamais encore je ne l'avais été dans ma vie : la salive me manquant, j'avais peine à reprendre ma respiration. Je demandai à un homme que je savais avoir de l'eau dans le bidon, une seule goutte d'eau. Il m'a répondu qu'il en avait juste pour lui. Je n'ai pas insisté et pourtant avec trois ou quatre de ses compères je l'ai vu un moment après siffler un bidon plein d'eau et cela à mon nez. Ce sont des procédés que jamais je n'aurais songé à employer;

ma conscience en ressentirait la morsure la plus vive. Mais ces gens-là étaient des charretiers et terrassiers ; c'est tout vous dire. Je ressens maintenant l'utilité de connaître un sous-officier dans le régiment où l'on sert. A ce point de vue, le chef Augier du 58me m'avait gâté en cherchant à m'éviter dans la mesure du possible ce qu'il pensait m'être désagréable et en me faisant connaître auprès de mes officiers....

Jeudi, 8 avril 1915.

MA CHÈRE TANTE MARIE,

J'ai reçu avant-hier seulement votre bonne lettre du 20 mars. Mon récent changement de corps est cause de ce retard. Je vous remercie du fond du cœur de porter journellement votre affection et votre pensée vers moi dans les prières que vous adressez au Bon Dieu. Je puise moi-même une grande force dans cet appel à la Providence, car je vous l'assure, ma chère tante, il faut se faire une rude morale pour supporter une vie dont je ne pouvais m'imaginer le caractère avant de partir et pour ne pas se laisser aller devant maintes circonstances, en présence de pensées qui vous assaillent, à l'abattement et au découragement. Pour l'instant le Bon Dieu m'a accordé la grâce de traverser sans trop grande souffrance ma vie de troupier, bien que par moments, à la vision de certaines choses et à l'accomplissement de certains faits qu'ici je ne puis vous retracer, je me suis senti bouleversé; mais j'ai vite repris mon assiette normale. Dans mon nouveau régiment je ne me trouve pas mal, surtout au point de vue nourriture. Le 76me est un corps très apprécié des Parisiens; aussi de Paris recevons-nous souvent des friandises. Hier après-midi, dans la grange où loge le 1er peloton de la compagnie, avaient été installées des boîtes d'oranges et de biscuits, ainsi que des bouteilles de kirsch et de frontignan, tout cela provenant de dons généreux. Pour compléter la fête, des artistes chantèrent ou déclamèrent. On oublia un moment ses misères et tout le monde vivait de l'heure présente sans songer au lendemain. Comme je le signalais récemment à papa, les hommes qui composent ma compagnie sont presque tous âgés, des territoriaux, les jeunes classes ayant été fortement touchées au début de la campagne. Me plaçant au point de vue purement patriotique et militaire, je vous dirai que ce sont de braves gens disciplinés et pleins de saine résignation; cela est d'autant plus beau qu'ils sont presque tous pères de famille. Ce qui prouve entièrement en leur faveur, ce sont les félicitations que vient de recevoir mon régiment de la part du général en chef. Mais vous comprenez bien qu'en ce qui concerne les manières, les rapports plus ou moins intimes qu'on peut avoir entre camarades de combat, ce n'est pas encore ça, et plus je vais, maintenant qu'il m'est donné de vivre au milieu même du peuple, plus je constate que dans un pays ce que Renan appelle « l'aristocratie intellectuelle et morale » est un grain de sable au milieu du corps social, et nous devons remercier Dieu de nous avoir permis de pénétrer au sein de cette élite. Les sous-officiers sont certainement mieux que ceux du 58me; mais ils frayent peu avec les hommes; cela tient, je crois, à ce qu'ils sont d'un milieu plus élevé, quelques-uns me paraissent être des jeunes gens de très bonne famille. Quant aux officiers je les connais peu; le chef de bataillon me paraît être un homme très distingué. Mon capitaine, qui a vingt ans de vie coloniale, est un homme extraordinaire et sur lui je pourrai vous raconter beaucoup à mon retour. Nous sommes toujours au repos, et je ne m'en plains pas, car depuis dimanche dernier la pluie ne cesse de tomber, accompagnée d'un vent froid, et vous pensez bien que quand on va passer ses journées dans la tranchée on préfère se voir accompagner d'un temps sec et du soleil.... J'hésite à faire ma demande d'interprète, car je crois qu'il faut une circulaire ministérielle qui autorise les candidats à passer des examens, lorsque le nombre d'interprètes n'est plus suffisant. Mais pour le moment je crois qu'il y a assez de candidats ayant déjà passé les examens qui attendent leur nomination, et l'apparition d'une nouvelle circulaire n'est pas encore nécessitée. Je termine ma lettre, ma chère tante Marie, car c'est l'heure d'éteindre les lumières et de s'empailler; en terminant, laissez-moi vous citer un petit incident auquel je participai hier et qui prouve que j'aurais bien tort de ne pas conserver toute ma confiance. La compagnie faisait dans des tranchées occupées par les Boches, au moment de la retraite de la Marne, des exercices de lancement de grenades à main. Je me trouvais dans la tranchée à côté d'un lanceur qui, à un moment, maladroitement laisse tomber une grenade dans la tranchée même : un jet de fumée noire et la grenade éclate à côté de moi; instinctivement je me roule en boule en me disant : « cette fois-ci, ça y est »; après l'éclatement je me relève, j'étais couvert de terre, mais je n'avais été touché par aucun éclat.

Je vous embrasse, ma chère tante, en me recommandant encore à vos bonnes prières et à celles de mes petits neveux dans lesquelles je mets une grande confiance....

Samedi, 10 avril 1915.

Ma chère Maman,

Je pars très probablement ce soir pour la tranchée. Le temps est toujours affreux, car depuis Pâques la pluie ne cesse de tomber et la température est très froide; aussi ce n'est pas sans appréhension que je vais m'enfermer dans les étroits boyaux en face des Boches. Le régime que je suis depuis deux mois fait sentir sur mon état général ses effets, et je ne me sens plus la même résistance que je possédais au départ d'Avignon. Ne voilà-t-il pas aussi que mes rhumatismes commencent à me tracasser dans la jambe droite. Mais je crois que pour éviter de se laisser abattre par ces misères physiques, il faut s'efforcer de conserver un moral élevé et garder une confiance sereine dans l'issue heureuse et prochaine de la guerre. Vous pouvez être assurée que je ferai l'impossible pour faire tout mon devoir. Depuis trois jours le vaguemestre me distribue un vrai courrier de ministre, vos lettres adressées au 58me m'arrivent par demi douzaine; avant-hier j'en ai reçu douze à la fois. Vous pensez quels bons moments j'ai passés à lire tous les détails que vous me donnez les uns et les autres de la vie de famille qui ne m'a jamais paru aussi empreinte d'idéal. Le capitaine Carré vous a exactement renseignés sur notre situation. Pays triste, d'aspect bien particulier qui fait songer par contraste avec mélancolie à la lumière et au pittoresque du pays provençal ou aux charmes si variés et si mesurés du bassin parisien. Hier nous avons pris part à une belle cérémonie. Nous avons eu prise d'armes en l'honneur de la remise de la Croix d'Officier à notre colonel. La scène s'est déroulée sur un plateau à l'ouest du village : deux généraux suivis d'une brillante escorte nous ont passés en revue; puis en colonnes de compagnies et après la remise des décorations, s'est effectué le défilé au son de la musique. Je ne veux pas me flatter, mais témoigner de ma sincère admiration pour tous ces briscards qui m'entourent; malgré la boue qui nous couvrait les chaussures, malgré les fatigues journalières de la campagne, tous surent faire un effort pour défiler devant les généraux avec autant de cadence et d'allant qu'ils en avaient peut-être quelques années auparavant pour défiler à Longchamp ou aux Invalides, devant les rois ou le président. De tels spectacles au milieu de visions si tristes, si horribles sont un vrai repos, un puissant réconfort; ils sont tout à l'honneur des gens du Nord dont j'admire l'endurance et la discipline. Au point de vue militaire ils sont sans reproche. Nous avons reçu les félicitations toutes particulières du général....

Mercredi, 14 avril 1915.

MA CHÈRE MARIE,

Ç'a été pour moi ce matin une bien douce joie de lire ta lettre du 9 et celle d'Anne du 11, avant de partir pour le travail. Je te réponds ce soir, assis, peu commodément il est vrai, sur deux troncs d'arbres. Vos nouvelles m'ont bien intéressé, car depuis quatre jours je ne recevais plus rien. Aujourd'hui, troisième journée de travail de terrassement; et ce n'est pas sans amusement que je pense à l'ironie du sort, lorsque l'année dernière, jour pour jour, je foulais aux pieds les tapis moelleux du quai d'Orsay et fréquentais ce qui dans une société passe pour être les représentants de la courtoisie et des bonnes manières, je veux parler des diplomates. Si maintenant tu voyais mes mains, ma tête, bref mon ensemble, je suis bien certain que tu rirais et hésiterais avant de me reconnaître pour ton frère....

Jeudi, 15 avril 1915.

MA CHÈRE ANNE,

Je ne réponds que maintenant à tes nombreuses et bonnes lettres, parce que jusqu'à présent j'ignorais où tu te trouvais exactement. Toutes tes lettres d'Annecy et ton paquet de chocolat et de cigarettes me sont enfin parvenus. Les cigarettes ont fait sensation. En me voyant les bouts dorés à la bouche on m'a demandé si j'appartenais au grand monde ! Aujourd'hui, après trois jours de gros travail que j'ai pu supporter parce que je me suis efforcé de conserver un bon moral et de penser que de tout ce que je fais actuellement rien n'est perdu pour l'avenir, nous avons repos pour nous nettoyer un peu (nous en avons, je t'assure, grand besoin) avant de partir en première ligne. Heureusement que le beau temps semble enfin avoir fait son apparition : le soleil perce à travers la forêt et la boue est moins dense. Ainsi allons-nous peut-être trouver la tranchée plus praticable. Mais quand je songe à notre arrivée dans cette forêt, en pleine nuit, sans point de repère précis, le dos chargé, les pieds tâtonnant dans un terrain épouvantable ! (Inutile de te laisser penser que je me suis allongé deux ou trois fois et ai tâché de courir ensuite pour rattraper la colonne qui défilait à la file indienne ?) Enfin tout cela doit être maintenant casé dans le passé et je remercie Dieu de m'en être tiré comme je l'ai fait. Hier tandis qu'on était au travail, les Boches nous ont envoyé trois marmites qui ont éclaté à une trentaine de mètres du chantier. Nous nous sommes aussitôt cachés dans de grands trous faits à cet effet. Nous avons aussi des pièces d'artillerie dissimulées dans la forêt (75 et 120), ce qui nous vaut des visites d'aéroplanes et des obus boches. Je songe aux charmes que vous allez trouver à Olette, tandis qu'apparaissent les beaux jours. Dis à Paul que je pense bien à lui. Embrasse bien les petits et dis-leur qu'ils prient toujours bien pour leur oncle, car j'ai grande confiance en leurs prières. Tante Marie est-elle rétablie ?

Bons baisers à tous.

Samedi 24 avril 1915.

MA CHÈRE MARIE,

Je crois que le bon temps au repos touche à sa fin. C'est si doux de se sentir en sécurité et de pouvoir donner à son corps quelque bien-être qui lui manque au temps de la tranchée. Aussi ce n'est pas sans quelques regrets que je vois se terminer ces heures de tranquillité et de repos relatif! Par le courrier qui m'apportait la carte de maman du 20 et la tienne du 21, je recevais une lettre infiniment touchante de mon ancien commandant de compagnie au bataillon de marche, ainsi intitulée : *Caporal* Boyer. Il me disait vouloir me nommer ainsi parce qu'à ses yeux je devais porter les deux galons rouges. Il m'exprime son grand regret de n'avoir pu me suivre pour hâter mon ascension dans la carrière militaire et augmenter mon bien-être. Il me dit, sans doute pour me flatter, que ma future situation dans le civil, réclamait au régiment une situation autre que celle de deuxième classe, sachant par le chef Augier que papa était artilleur et ayant une prédilection toute particulière pour les officiers de cette arme, parce qu'il est Nîmois et qu'il a conservé dans ses relations avec les officiers d'artillerie de Nîmes, le souvenir le plus agréable. Il me charge de présenter à papa, bien que ne le connaissant pas, son meilleur souvenir. Cette lettre si spontanée, d'une sincérité si évidente de la part de mon ancien commandant de compagnie, m'a profondément touché, et si au moment où, par mes seuls moyens, j'étais parvenu à me faire distinguer de mes chefs, de manière à acquérir dans cette vie militaire parfois si pénible plus de bien-être, la destinée a voulu que mes espérances se brisent, j'offre au Bon Dieu ce sacrifice, me disant que notre vie est guidée par sa seule volonté, et que tout ce qu'Il nous envoie, d'heureux ou de pénible, a son motif caché. J'ai en ce moment-ci excellent appétit et me porte beaucoup mieux au point de vue état général qu'à mon dernier retour des tranchées. Je suis cependant courbaturé un peu dans tout le corps, résultat des cinq journées qu'il a fallu passer le dos voûté dans la tranchée, où d'être grand est un désavantage. Mes rhumatismes me tracassent aussi dans la jambe et le pied droits. Excuse-moi du griffonnage de ces deux cartes. Mais aujourd'hui je fais partie du poste de police et ne peux trouver dans mon écurie aucune place convenable pour écrire.

Je t'embrasse, ma chère Marie, du fond du cœur, ainsi que toute la maisonnée.

Lundi, 26 avril 1915.

MA CHÈRE MAMAN,

... Hier dimanche il m'a été impossible de me rendre à la messe, me trouvant empêché par l'exercice que n'exclut pas le repos, mais je me suis levé de très bonne heure; sur les bords de la rivière je me suis débarbouillé et je me suis rendu dans la toute petite église de notre cantonnement que les obus allemands ont épargnée; j'ai trouvé un prêtre-soldat, brancardier au 2me d'artillerie lourde, et en temps normal vicaire à la cathédrale d'Orléans. Je me suis confessé et ai fait la Communion. J'agis de la sorte car à mesure que s'écoulent mes mois de campagne, la conviction se fait en moi de plus en plus nette que vraiment dans la croyance en Dieu on puise la force et la résignation si nécessaires maintenant. J'ai en outre le sentiment qu'en invoquant la Toute-Puissance de Dieu il me protégera et m'accordera cette grande grâce que je retourne bientôt sain et sauf au milieu de vous. Quelle joie d'une douceur et d'une intimité inexprimables n'ai-je pas éprouvée aussi en m'agenouillant sur les bancs de ce tout petit sanctuaire si émotionnant par sa simplicité, où un moment j'ai revécu tout mon passé, celui de ma plus tendre enfance, celui de mon adolescence, alors qu'avec vous, ou au milieu de vous tous, ma chère maman, nous invoquions le Seigneur. Hier j'ai été très impressionné en apprenant par le journal *L'Echo de Paris* la mort d'un de mes meilleurs amis de Paris : Maurice Querenet, lieutenant commandant une section de mitrailleuses. Nous étions entrés la même année aux Sciences politiques et pour ainsi dire jusqu'en mai dernier on s'était suivi la main dans la main. Sa grande intelligence et sa finesse innée l'avaient désigné à l'élection de ses camarades comme président de la section diplomatique des anciens élèves de l'école; aussitôt il m'avait demandé d'être secrétaire. Mais c'était le moment où je ne pouvais me surcharger de travail et je déclinai cette offre honorifique. Il habitait un hôtel splendide au coin du quai Voltaire et de la rue de Beaune. Sa mère occupait la chambre où mourut Voltaire. Souvent je me rendais chez lui et dans l'atmosphère si doux du cabinet de travail s'engageaient des conversations que je n'ai plus entendues depuis. En perdant ce cher ami je perds un camarade comme le fut au début de mon temps à Paris le fils du général Herron. Pourquoi faut-il que la mort touche de si belles jeunesses! Nous ne partons que demain soir pour la tranchée. Aujourd'hui et demain repos complet, sans doute pour contrebalancer la journée d'hier où nous avons eu le matin exercice, le soir marche de vingt kilomètres, avec chargement complet. Le soir j'ai souffert des rhumatismes à la jambe et aujourd'hui j'appuie le pied avec beaucoup de difficulté. Cela m'ennuie bien car jusqu'à présent je n'avais rien ressenti. Je ne veux pas me faire porter malade, car jamais je n'ai agi ainsi au régiment, et d'autre part on n'est jamais bien vu par ses chefs en faisant de la sorte, surtout au moment du départ pour la tranchée. Cependant si demain matin je continue à souffrir je me ferai porter consultant et demanderai au médecin quelque remède pour atténuer mes douleurs....

Jeudi, 29 avril 1915.

MON CHER PAPA,

J'ai été heureux d'apprendre par la carte de maman reçue hier que votre fièvre était en voie de disparition et qu'un régime passager vous remettrait bientôt tout à fait en état. Comme je vous le disais dans ma carte envoyée hier 28 nous sommes en seconde ligne dans les bois et logeons dans des abris souterrains. Le temps se passe en corvées et il est bien difficile de trouver un moment de repos. Nous travaillons la nuit et le jour. Hier dans l'après-midi nous avons coupé à la hache des arbres et à deux transporté les troncs. Vers neuf heures du soir alors qu'on espérait pouvoir passer la nuit tranquille, on nous a fait porter des sacs de sable et d'énormes caisses servant à faire des créneaux. Je vous l'avoue, mon cher papa, j'étais à bout de forces, ces travaux-là m'éprouvent beaucoup; hier surtout je souffrais très fortement de la jambe, et je me demande quelle force surnaturelle, si ce n'est celle de la Providence, m'est venue en aide pour permettre de parfaire ma tâche jusqu'au bout. Heureusement que la nuit était très claire; aussi à travers les sentiers j'ai pu avec ma charge guider plus facilement mes pas. Ce matin à six heures il y avait corvée d'ordinaire. Mon caporal a pu me l'éviter, car il s'est bien rendu compte que depuis deux jours je donnais tout ce que je pouvais, sans manifester de la mauvaise volonté. Quand je suis parti je me faisais une idée tout autre de la guerre vraiment, je me faisais de la tâche du soldat une idée plus noble et moins terre à terre. Aurais-je jamais eu l'idée d'être transformé en terrassier, bûcheron, portefaix? Edouard se plaint du manque de distractions intellectuelles, mais que dirait-il s'il était obligé de vivre, manger, dormir avec des gens qui crachent dans leurs mains en travaillant, sucent leurs doigts en mangeant et pour lesquels la conversation ne se renferme que dans un cercle d'idées sans idéal. Quelle joie immense, mon cher papa, si je puis retrouver mon milieu, reprendre mes idées réformées en partie par ce que j'aurai vu et entendu durant cette campagne ! Vous ne vous doutez pas, mon cher papa, combien depuis mon arrivée ici je pense à vous : nous sommes entourés d'artilleurs qui s'en donnent à cœur joie à tirer contre les Boches. Ils sont merveilleusement installés. Il est vrai que leurs demeures étant plus stables que les nôtres, ils ont plus de facilité que nous pour les rendre confortables. Hier soir tandis que j'étais à ma corvée, j'aperçus à travers les taillis une lumière sourde et d'une clarté reposante. J'ai pu distinguer dans une gitonne une suspension ! une table ronde autour de laquelle mangeaient et devisaient des officiers d'artillerie. Parmi eux, l'un vous ressemblait étonnemment ! Je pense encore à vous, mon cher papa, parce que pour améliorer l'ordinaire, j'ai acheté avant mon départ un *camembert* et un *brie* excellents dont je fais le régal de mes repas et ça me rappelle le bon temps de Paris où l'on mangeait au bouillon.

Je vous embrasse tous du fond du cœur.

Votre fils affectionné.

Vendredi, 30 avril 1915.

Ma chère Maman,

... Hier ce fut une journée bien fatigante pour moi et si dans le jour nous eûmes quelques repos pour réparer nos forces, la nuit s'est passée en partie à transporter les gabions. Le poids de ces énormes paniers joint à celui des chargements des jours précédents avait meurtri mes épaules; ma jambe droite et mon pied surtout continuant à me faire souffrir rendaient l'exécution de ma besogne encore plus ardue; aussi malgré toute ma bonne volonté il est arrivé un moment où mes forces m'ont manqué. Le sergent a été très gentil : il a pris ma charge et m'a donné l'ordre d'aller me coucher. Mais la fatigue et l'énervement, vous le dirai-je aussi, les tracasseries des poux innombrables dans nos tranchées, dans nos repaires et nos granges m'ont empêché de bien dormir.... Et Vava? Un vent propice l'emporte-t-il vers l'Orient? Sans doute son cœur va nous revenir débordant de poésie, et son imagination illuminée par les lumières et les couleurs du Caire et du Bosphore. Nous allons avoir un élève de Loti. Dites à tante Cécile, ma chère maman, que je pense souvent à elle comme à mes deux cousins. Demandons à Dieu que ces angoisses quotidiennes qui nous oppressent cessent bientôt, et qu'au sein de la famille, et tous rendus à notre existence normale, nous menions une vie d'autant plus heureuse que nous avons pensé un moment la voir sombrer. Je pense que papa une fois remis, vous allez pouvoir vous installer au Coteau; ce sera pour papa la meilleure des convalescences. Comme j'y pense à cet admirable Coteau en présence du spectacle de désolation qui journellement s'offre à mes yeux ! Les journées si douces que j'y passai le printemps et l'été dernier s'opposent naturellement aux heures que je vis actuellement....

Dimanche, 2 mai 1915.

MA CHÈRE ANNE,

Me voici de nouveau en tranchée de première ligne. Les Boches sont tout près de nous, on les entend travailler, pendant la nuit même causer. Mais on ne peut les voir tellement ils sont bien terrés. D'ailleurs il ne fait pas bon de rester trop longtemps aux créneaux, car à une distance si restreinte il est facile de nous bien viser et des camarades ont déjà payé de leur vie une seule seconde d'imprudence. Entre les quelques mètres qui nous séparent quel spectacle affreux : une terre pelée, remuée, labourée par les bombardements, des arbres déracinés, déchiquetés ou coupés au ras et jonchant ce chaos des cadavres de Français et de Boches tombés aux heures des attaques et qu'il est impossible d'aller relever. A certains endroits les Boches ont même fait une rangée de morts tassés sous une autre rangée de sacs. Ainsi se sont-ils organisé des abris. Mais écartons de nous ces images, ma chère Anne, et si je viens te trouver c'est pour revivre les heures d'un charme si doux, du foyer familial. Je viens de monter mes six heures de faction et me trouve à l'abri des crapouillots dans une bonne gitonne. Espérons que rien ne viendra me déranger. La carte de Marie me précise l'état de santé de papa pour l'amélioration duquel le bon oncle Alphonse voue tout son art et toute sa grande bonté. Je suis persuadé qu'avec le retour du beau temps qui permettra à papa comme à maman de profiter des journées incomparables du Coteau, la santé lui reviendra bien vite et avec une vigueur nouvelle. D'ailleurs ce changement de saison n'atteint-il pas plus ou moins tout le monde? Je t'assure qu'en ce moment-ci je me sens affaibli et n'ai plus la même résistance qu'au début de mes semaines de campagne. J'attribue cet affaiblissement aux travaux manuels très pénibles pour moi que je suis obligé de faire et qui parfois m'écrasent d'autant plus que leur exécution correspond à une nourriture peu substantielle et peu suffisante. Quand nous sommes au repos tout va bien : le capitaine profite du boni de la compagnie pour améliorer notre ordinaire et faire oublier l'éternel rata; les épiceries sont aussi à notre portée et nous pouvons bien manger. Mais une fois le cantonnement quitté, adieu les épiceries, adieu les suppléments; c'est la soupe froide et graisseuse que les cuisiniers nous apportent dans les marmites après avoir fait deux ou trois kilomètres pour nous trouver. Cette pitance peu engageante nous laisse rêveurs devant la marmite; on pense aux bons et simples repas de famille, et de la graisse chacun retire un morceau de viande, histoire d'avoir quelque chose dans l'estomac. On essaie de manger une boîte de conserves, mais on en a déjà tellement absorbées que ça ne dit pas grand' chose; puis avec la chaleur elles se conservent moins dans les sacs ou musettes et c'est ainsi que, lorsqu'on ne se trouve pas en première ligne, on se rend au travail de jour et de nuit. Hier soir plus que jamais, ma chère Anne, j'ai ressenti les effets de ces fatigues; avant de faire la relève nous devions transporter d'énormes poutres de bois et des gabions sur un parcours de deux kilomètres et à travers des chemins bien peu praticables tant ils avaient été balayés par l'artillerie. Bien que me sentant peu en forme pour accomplir cette besogne, je m'y suis mis; mais avec quelles difficultés n'ai-je pas accompli ma tâche; mes jambes se dérobaient sous moi, ma respiration était précipitée, mon cœur battait bien fort; ne pouvant suivre la colonne de corvée, je pris le parti de marcher tout seul et selon mes forces. J'arrivai enfin au point désigné pour déposer mon fardeau et me laisser choir en même temps que lui. Pour comble de malheur je me perds au retour; quelques points de repère pris dans la journée me permirent après maintes tribulations de me retrouver et je parvins à atteindre ma section au moment même où elle s'équipait pour gagner la tranchée. Hâtivement je me chargeai, et, sans prendre souffle, recommençai mon calvaire à travers un boyau et une tranchée, vrais labyrinthes coupés de tunnels étroits et bas. Tu me vois accroupi ou allongé avec mon fourniment essayant de faire le plus vite possible pour ne pas me faire couper et perdre ma section. J'arrivai je ne sais comment à mon emplacement. Mon adjudant chef de section et mon caporal voyant mon état et l'effort que je fournis, m'exemptèrent de service toute la nuit, me firent reposer dans une bonne gitonne et l'adjudant me servit un demi-quart d'eau-de-vie que j'avalai avec avidité sans en sentir la brûlure tellement la soif me dévorait. Je te réponds, ma chère Anne, que ce sont des heures que je me rappellerai longtemps encore et qu'au cours de cette campagne je ne souhaite pas revivre. Au moins aurai-je la consolation d'avoir tout connu de ces tristes heures, d'avoir dans la mesure de mes forces accompli mon devoir et agi sur le champ de bataille comme le plus humble des Français, sans mériter, je crois, jamais le nom d'embusqué. Cette seule pensée me réjouira et, si Dieu le veut, fera que plus tard je me rappellerai ces instants avec satisfaction. Hier j'ai reçu une carte d'Edouard. Il commence à trouver cette vie de tranchée monotone. Il est vrai que tant qu'on ne marchera pas franchement de l'avant, il en sera ainsi. On se fusille, on se crapouillote, on se bombarde à quelques mètres de distance. La nuit de part et d'autre on assiste à de beaux feux d'artifice et c'est tout. Pour le moment je crois que cela peut durer encore longtemps, car nous avons à faire, il faut bien se le persuader, à un adversaire au moins aussi tenace que nous, très bien fortifié, et on aurait tort, me semble-t-il, de vouloir faire appel au seul secours des armes si l'on veut arriver à un résultat décisif, rapide. Enfin la Providence a des desseins secrets sur lesquels la volonté des hommes n'a aucune force et qui se réalisent aux heures les plus inattendues. Allez-vous bientôt retrouver Paul? Dis à maman que je viens de recevoir son paquet et qu'il est arrivé bien à son heure, c'est-à-dire au moment où je reprenais la tranchée. Le chocolat comme le fromage sont en pareil cas de bonnes choses car ils font manger du pain et sont nourrissants. Tu ne te douterais pas que je l'ai commencée, cette lettre, hier à une heure de l'après-midi et que je la termine aujourd'hui à la même heure. C'est que les corvées, garde, transport de bois à travers les boyaux ont absorbé mon temps. Je termine ma lettre car voici que les Boches commencent une séance de crapouillots. Je ne sais plus ce que je t'écris ni ce que je veux t'écrire. Ce que je puis te dire c'est que je suis sourd, que je saute dans ma gitonne et que je ne suis pas rassuré du tout. Enfin voici le 75 qui commence à venir à notre secours pour faire taire ces sales Boches; on respire un peu.

Bons baisers.

Mardi, 4 mai 1915.

MON CHER PAPA,

Je n'ai que peu de temps pour m'entretenir avec vous et vous raconter mes faits et gestes. Malgré que nous soyons en première ligne, nous ne sommes pas toujours laissés tranquilles et la maudite corvée pend continuellement au-dessus de nos têtes, comme l'épée de Damoclès. Outre la prise de faction de six heures devant les créneaux, nous employons nos nuits à améliorer nos retranchements, et quand quelque repos bienfaisant m'est donné, je l'emploie à dormir dans la gitonne. Il faut, je vous assure, mon cher papa, une grande résistance pour supporter cette vie, surtout lorsque la nourriture n'est souvent pas équivalente à l'effort qu'on vous demande. En cela je ne veux critiquer nullement l'administration militaire. J'admets simplement qu'on se trouve devant une sévère nécessité, un cas de force majeure devant lequel tout homme raisonnable, résigné et prêt à faire tout son devoir, doit se soumettre. D'ailleurs, je vous dirai que la grande majorité accepte cette existence; un seul désir, cependant, nous tient ardemment au cœur, c'est de la voir bientôt finir. Mais souvent nous nous demandons, entre nous, comment et quand cela finira, quand apparaîtra ce jour si passionnément désiré, où d'un coup de baïonnette bien planté nous pourrons chasser l'Allemand hors de France et de Belgique et signer la paix victorieuse et stable. Notre séjour en tranchée a commencé avec quelque peu d'agitation. Aujourd'hui les Boches sont plus tranquilles, mais hier ils prenaient, semble-t-il, grand goût à bombarder et crapouilloter nos lignes. Heureusement, nous avons eu peu de pertes, mais à certains endroits la tranchée ne forme plus qu'un chaos informe. A ce moment j'étais de faction et chargé d'inspecter le ciel pour annoncer aux camarades l'arrivée de crapouillots et les mettre en garde, pour qu'au moment opportun ils se cachent dans leurs abris. En même temps je jetais un regard rapide, mais souvent répété, à travers mon créneau; je cassais la croûte avec le fromage de Gruyère que j'avais reçu la veille et qui était très bien conservé. A un moment donné, deux gros blocs de pierre tombent à mes côtés, me frôlant l'épaule droite, mon quart, que j'avais paré sur le remblai, tout à côté de moi, fut défoncé. Cette nuit, la relève des sentinelles venait à peine d'être terminée, qu'un crépitement très vif de fusils boches se fait entendre. L'alerte est donnée, tout le monde est debout, une section se tient baïonnette au canon, prête à s'élancer, tandis que nous ne cessons de faire marcher notre lebel. Un sifflement, puis un déchirement dans les airs : le 75 venait à notre secours, en dix minutes tout retomba dans le silence. Au petit jour les Boches avaient voulu nous surprendre, les sentinelles les plus avancées les avaient vus franchir leur tranchée, l'alarme fut donnée et le Boche regagna sa tannière. Encore trois jours ici, puis le repos. D'ici là, j'espère que tout se passera bien. Nous nous sommes déjà promis entre camarades de manger, si les ressources du pays nous le permettent, de nous faire faire une bonne omelette au lard ou au fromage, avec une laitue bien fraîche, car maintenant il n'y a guère que ces sortes d'aliments qu'on mange avec appétit....

Samedi, 8 mai 1915.

MA CHÈRE MAMAN,

Me voici déjà à mon troisième jour de repos; le temps passe, hélas, bien vite, lorsque après de dures heures il est possible de jouir d'un calme relatif sous un beau ciel de mai et environné d'une nature renaissante. L'endroit où je cantonne est certes l'un des plus jolis que j'aie connus, depuis que je me trouve dans la Meuse. De belles prairies parsemées de muguets, de boutons d'or tapissent les mamelonnements sur lesquels se dressent de frais bouquets de bouleaux, d'ormeaux et de marronniers. La petite ville où nous logeons a elle-même son cachet particulier, située tout autour d'une butte boisée, dont les arbres du sommet se détachent sur le ciel bleu comme de la dentelle la plus fine, sur un fond de soie bleutée; elle rappelle, avec ses maisons en ruine et son église saccagée lors de l'avance prussienne de septembre, une cité de l'Hellène antique, telles qu'aujourd'hui on doit en apercevoir encore, lorsque débarquant au Pirée on traverse la

Grèce jusqu'aux pieds des monts Olympiques. Quel charme! Quel calme! Quelles douces rêveries réconfortantes, ma chère maman, et dire qu'à vingt-cinq kilomètres d'ici l'on se bat et la terre ne forme plus qu'un amas de pierres, de poussière et de bois....

Dimanche, 9 mai 1915.

MA CHÈRE ANNE,

... Ce matin j'ai pu me rendre à la messe militaire, non pas à l'église de la ville, car celle-ci située à flanc de la butte autour de laquelle chevauchent les habitations, a été rasée par le bombardement, mais dans la chapelle de l'hôpital. La messe a été célébrée par un aumônier d'une grande distinction et d'une finesse de manières tout à fait rare; il nous a adressé une allocution d'une admirable pureté de forme au service d'un fond très instructif. A cette messe assistaient beaucoup d'officiers de différents états-majors, jeunes ou âgés ; tous étaient fraîchement rasés, sanglés dans leurs brillants uniformes; j'ai remarqué quelques interprètes. Avec ma capote terreuse et ma barbe mal taillée, j'étais un peu honteux. Je m'étais mis tout près de la porte au cas où ma diarrhée m'aurait joué un mauvais tour, et me trouvais à côté d'une sœur de Saint-Vincent-de-Paul qui m'a offert un livre pour suivre ma messe, livre que j'avais peine à tenir dans ma main, tellement son volume en imposait. Au sortir de la messe, pensant à la réunion dominicale de la rue Campane, j'achetai, en compagnie d'un camarade, mon dîner : deux œufs, truite saumonée à la vinaigrette, gelée de fraise, un litre de vin (je me méfie de l'eau).

Je t'embrasse, ma chère Anne, ainsi que mes chers petits neveux. Amitiés à Paul. Bons baisers à tante Marie, à laquelle j'ai écrit avant-hier.

Mardi, 11 mai 1915.

MON CHER PAPA,

... Hier, sitôt après avoir repris mon service j'ai été désigné comme étant de garde à la gare. Mes heures de faction ne furent pas trop ennuyeuses, mais plutôt une distraction. Car si la gare d'ici est morte pendant le jour, elle est en pleine activité aux heures de la nuit, et le passage incessant des trains, le mouvement perpétuel qui s'en suit aident aux heures de la nuit à s'écouler. Ce matin, à trois heures environ, un taube a apparu très haut, malgré le bombardement dont il faisait l'objet ; il marchait vers nous à une allure très rapide et très audacieuse : il laissa tomber une bombe destinée à la gare, mais qui alla éclater à quatre cents mètres de son but.

Tous ces jours-ci je ne pouvais m'empêcher de songer qu'il y a un an, jour pour jour, je passais mon concours aux Affaires étrangères, et avant que n'éclatât la guerre, tandis que je me délassais au Coteau, je nourrissais la ferme espérance que mai 1915 verrait la fin de mon labeur intellectuel, mon entrée dans la carrière, ou plutôt dans une carrière vers laquelle toujours plus nettement je me sens entraîné. Or quelle différence, quel abîme entre mon rêve, je l'espère encore réalisable, et la réalité telle que je la vois, et ma vie actuelle ! Et ce n'est pas sans amertume que je me répète maintenant : si la guerre n'avait pas éclaté, peut-être à l'heure qu'il est aurais-je le bonheur d'avoir ma situation. Mais ma consolation réside en cette pensée : la guerre a permis que je devienne un *vrai* soldat et ainsi je ne conserverai pas durant ma vie cette tare du service auxiliaire. C'est là un bienfait que pour mon compte personnel j'envisage comme ayant une portée incalculable....

Lundi, 17 mai 1915.

MA CHÈRE MARIE,

Hier je n'ai eu que le temps d'écrire un petit mot à papa. J'étais alors en réserve dans une portion de la belle forêt de Hesse, habitant un de ces villages d'un jour, construit tout en bois et en terre, et rappelant ces cahutes construites par des tribus arabes ou nègres, telles qu'on en voit parfois au Jardin d'Acclimatation. Des loustics avaient baptisé chaque gourbi, chaque chemin de rondins de noms plus ou moins excentriques. J'aurais aimé me recueillir quelque temps dans cette retraite qui pourtant n'avait de pacifique que l'apparence, j'aurais aimé, loin de l'obsession des corvées, faire revivre en moi toute ma vie passée, à laquelle je m'attache toujours davantage. Mais cela m'a paru bien irréalisable et je n'ai pu qu'effleurer les charmes d'un repos au milieu d'une si belle nature, sans avoir les moyens d'en tirer et d'en conserver les bénéfices....

J'ai reçu une lettre de la bonne Mme Rabot. Elle m'écrit : Mon cher neveu! et elle a pour moi des paroles touchantes. Elle me dit qu'elle comprend toute la rigueur des heures qu'actuellement je traverse, mais qu'il faut regarder plus haut et plus loin : plus haut, parce qu'il n'y a pas de plus bel idéal que celui pour lequel j'offre mes souffrances; plus loin, parce que nos générations seront des générations d'élite, qu'au cours de notre vie future, aux différentes périodes de notre carrière, nous porterons toujours avec nous l'auréole glorieuse de nos exploits, que toutes les jeunes filles nous rechercheront et nous adoreront ! ! Quelle belle perspective pour nous de pouvoir devenir un jour de nouveaux Achille? N'y aurait-il pas là l'argument suffisant pour ébranler la résolution du célibataire le plus invétéré?...

Le 25 mai 1915.

MA CHÈRE MAMAN,

... En rentrant au cantonnement nous avons appris la nouvelle, cette fois-ci certaine, de la déclaration de guerre de l'Italie à l'Autriche. Inutile de vous dire la joie débordante de chacun de nous, d'autant plus que la méprise de l'autre jour nous avait bien déçus. Nous nous sommes endormis dans l'espoir que la guerre pourrait peut-être bientôt finir. Si cela se réalise, l'Italie aura payé à sa sœur latine la dette de reconnaissance qu'elle lui devait voilà un demi siècle et que son ingratitude et les nécessités de la politique lui avaient fait oublier. Désormais, par delà les Alpes, les deux nations pourront se regarder franchement, sans arrière-pensée, sans rancune aucune ; le sang français qui, au jour de Solférino, arrosa les plaines de Lombardie, va recevoir sa rançon....

Mercredi, 9 juin 1915.

MON CHER PAPA,

Ce que j'avais prévu s'est réalisé. Nous préparions une attaque sur Vauquois, elle s'est faite le 7, à huit heures neuf du soir. J'ai vécu, ces jours-ci, des heures inoubliables de ma vie et devrais-je vivre cent années, j'aurai toujours devant les yeux la vision merveilleuse et horrifiante des événements qui, au crépuscule de cette soirée d'été, se déroulèrent sur ce que nous avons appelé la « Colline tragique. » Malheureusement l'effort donné par deux régiments de la Division n'a pas abouti. Nous avons voulu appliquer la loi du talion — prendre aux Boches leurs procédés; nous avons été pris dans notre propre piège — dix corps de mitrailleuses devaient marquer le signal de l'attaque ; à huit heures neuf exactement ils retentirent ; au même instant d'immenses gerbes de feu vinrent auréoler la crête de Vauquois.

Les pompiers lançaient à profusion du pétrole et du goudron enflammés sur les tranchées boches qu'il s'agissait d'enlever à l'assaut, tandis que tous les canons de la défense de Vauquois joignaient leur vacarme au crépitement ininterrompu des mitrailleuses et de la fusillade. Le 31me entassé, baïonnette au canon, dans les boyaux d'approche, était au moment fixé, destiné à s'élancer à l'assaut. Le 76me, depuis cinq jours déjà dans la tranchée, avait le rôle défensif : empêcher une contre-attaque. Malheureusement, vous disais-je, si nous ne perdîmes rien, nous ne gagnâmes rien non plus, notre effort et celui des Boches se neutralisèrent et aboutirent au *statu quo*. J'attribue cette non-réussite à l'absence du facteur le plus important peut-être dans ces sortes d'attaques : le temps, j'entends l'atmosphère. Notre adversaire principal qui empêcha l'aboutissement de nos projets, fut le vent qui, soufflant du Nord-Ouest, ramena vers nous toute la fumée du pétrole, des obus, la poussière, voir même les flammes qui par endroit mirent le feu à nos tranchées. A un moment donné Vauquois, tel qu'il se présente des lignes françaises, avait disparu sous un nuage de fumée et de poussière. Le 76me toujours aux créneaux tirait, tirait sans cesse. On avait la figure noircie, on perdait sa respiration, il me semblait que mes yeux se fondaient et cependant avec ma main gauche, parce que de ce côté je me sens plus sûr de moi, je tirais, tirais toujours. Où partaient mes coups? Je n'en sais rien moi-même; car en tirant je fermais les yeux tellement ils me cuisaient et je respirais très fort à travers la cagoule qu'on nous avait donnée pour éviter l'asphyxie. Dans la tranchée, couraient affolés des camarades dont la capote peu à peu empreinte et saturée de l'air empesté du pétrole prenait feu d'elle-même ; on leur arrachait leurs vêtements et ils dégringolaient à moitié nus le long des boyaux. Aussi la tâche du 31me fut-elle rendue très difficile pour ne pas dire impossible. Dans la fournaise allumée par nous et qui se retournait contre nous, plusieurs des nôtres périrent asphyxiés ou carbonisés. Deux ou trois seulement purent atteindre le talus de la tranchée ennemie où ils trouvèrent naturellement à qui parler. Les Boches d'abord surpris sans nul doute, voyant dans la suite le feu se propager dans nos tranchées et nous-mêmes tomber victimes de nos propres combinaisons, se ressaisirent et esquissèrent une contre-attaque que nos précieux 75 arrêtèrent court. Je ne puis, mon cher papa, tellement le courage et la force me manquent, vous retracer en détails toutes mes impressions et les moindres faits dont j'ai été témoin durant les trois-quarts d'heure que dura l'attaque. Les uns sont d'une tristesse indéfinissable et arrachent les larmes. Les autres sont tout à l'honneur de notre race. Jamais je ne me suis senti si heureux d'être Français; jamais, ayant conscience que peut-être mon tour viendrait de heurter du front la terre que nous défendons, je ne me suis tant attaché à la vie, je ne l'ai tant raisonnée. Je n'oublierai jamais ces minutes ou, vaincus par la force de la mitraille, nous cessions de tirer, et serrés les uns contre les autres, les yeux confondus dans les yeux, pâles et graves, on sentait la chaleur des joues de son camarade sur les siennes propres, on communiait ensemble dans une fraternité d'armes la plus pure, tandis qu'à chaque éclatement des obus, on percevait très nettement le soulèvement de la chemise sur sa poitrine. De tout cela il résulte que notre séjour sur le front a été prolongé. Je vous écrirai un peu plus tranquillement lorsque le sommeil et le repos m'auront un peu remis dans mon assiette. Dites à maman de donner sur l'argent de ma poche dix francs pour Notre-Dame de Lourdes, en reconnaissance de la protection miraculeuse qu'elle m'a accordée. Toujours très beau et très chaud ici, et cette chaleur dans la tranchée est très déprimante.

Bons baisers à tous.

Votre fils affectionné.

Le 11 juin 1915.

Mon cher Papa,

Un mot à la hâte. Je pensais vous écrire cette après-midi tranquillement, à esprit reposé. Les circonstances en ont décidé autrement. Le 76me est détaché de la 10me Division. Nous changeons de secteur et quittons Vauquois. Où allons-nous? Je n'en sais absolument rien. Tout ce que je puis vous dire, c'est que nous partons cette nuit, après trois jours de repos, ce qui est peu eu égard aux rudes journées que nous passâmes la semaine dernière encore à Vauquois. Mais lorsqu'on est à l'honneur, on est aussi à la peine. Nous étions le régiment le plus considéré de la Division, c'est sur nous qu'on comptait le plus. Je ne vous invente rien : les généraux de division et de brigade nous ont fait réunir ce matin et en toute simplicité, avec une sincérité émue, ils nous l'ont dit. Le général de division Valdan nous a exprimé sa profonde douleur d'être obligé de se séparer de nous : « Le 76me, aux dures heures des angoissantes épreuves de l'automne dernier, a été ma consolation, a-t-il dit, il est maintenant ma fierté et mon orgueil. Vous êtes mes frères d'armes, bien mieux, mes frères de cœur, mes chers enfants ! Bonne chance et bon courage ! » Et lorsqu'aux sons de la *Marseillaise* nous avons défilé devant lui, il était sur son cheval, très pâle, les yeux brillants. Sa main droite faisait un large et solennel salut, ou bien un geste d'adieu tout paternel. C'était très impressionnant. Cet homme représentait pour moi l'idéal de l'officier, c'est-à-dire celui qui sait joindre à l'autorité indispensable l'affection pour ceux qui lui obéissent....

Jeudi, 17 juin 1915.

MA CHÈRE MARIE,

Je sais que tes occupations actives et empreintes des sentiments moraux et patriotiques les plus élevés, m'empêchent sur les lettres qui me viennent de la famille de reconnaître souvent ton écriture. Mais je sais par maman que ta pensée se porte souvent vers nous et que tu as une âme assez délicate et nuancée pour saisir toutes nos souffrances soit physiques, soit morales, comprendre nos angoisses même, mais aussi partager nos espérances, nos rêves d'avenir. Je t'écris après avoir monté durant six heures consécutives la garde devant un créneau. C'est long et fatigant; aussi suis-je bien heureux de pouvoir maintenant me reposer dans un gourbi que nous partageons à quatre, — presque obscur, tellement il s'en va sous terre, mais que je crois solide, car la couche de terre est supportée par de larges et solides rondins. De ce fait nous n'avons je crois rien à craindre, pendant notre repos, des crapouillots et 77 boches; il en serait différemment de leurs torpilles et marmites qui pulvériseraient notre abri; mais ces gros engins tombent rarement en première ligne. Je crois que je le disais hier à maman, nos factions de jour et de nuit sont ici plus fatigantes qu'à Vauquois. Les Boches ont ici l'air plus surexcités; les régiments dont nous avons pris la place étaient des unités formées de coloniaux. Ceux-ci ont, tu le sais, la réputation d'être têtes brûlées, apaches, mais pleins de bravoure et dédaigneux de la mort devant l'ennemi. Les artilleurs et le génie que, pour motifs de services, nous rencontrions parfois dans la tranchée, nous racontaient maints tours que les coloniaux faisaient aux Boches, les poussant à bout, les excédant si bien qu'à leur tour, pour ne pas être à court, ils étaient obligés de répondre par représailles, car ici c'est la loi du talion qui fonctionne, œil pour œil, dent pour dent; pas de pitié. Nous subissons naturellement l'effet des procédés des marsouins vis-à-vis des Boches qui se croient toujours en présence de ceux qu'ils appellent les « fantassins bleus. »

C'est ainsi que crapouillots, grenades à main sont presque tout le temps en activité ici. L'ennemi connaissant, pour l'avoir éprouvé lui-même, la dépression morale que provoque sur le soldat de la tranchée le lancement de crapouillots, cherche au moyen d'envois peu abondants, mais souvent répétés, d'empêcher de laisser croire qu'on sera tranquille une heure, deux heures, trois heures et même davantage, comme c'était le cas à Vauquois, où on était soumis journellement à deux ou trois arrosages conséquents, il est vrai, mais qui se produisaient à des heures à peu près identiques chaque jour (moment de la soupe) et auxquels, par conséquent, il était dans une certaine mesure plus facile de parer. Ici il faut s'attendre à voir tomber à chaque instant ces engins dans la tranchée. Continuellement on a les yeux levés, constamment on est prêt à se ratatiner au cas où ils s'aplatiraient trop près de vous, car il est défendu de s'écarter de son créneau. Si tu songes aussi que sans cesse on est à se demander s'il n'y a pas sous vous une mine qui va exploser, tu peux penser que sous l'effet de cette tension constante des nerfs, l'abattement moral atteint parfois son paroxysme. Aussi faut-il réagir le plus possible. Mais quelle joie quand on retourne au repos ! Je pense au Coteau de l'an dernier à pareille époque. Je m'y trouvais avant de partir pour... l'Allemagne ! C'était-il gai alors ! Etait-on tous en train ! Tous ces beaux jours reviendront, ne crois-tu pas ? Je te quitte pour dormir avant de prendre ma faction de nuit.

Je t'embrasse bien tendrement ainsi que toute la famille.

Ton frère affectionné.

Le 21 juin 1915.

MA CHÈRE TANTE MARIE,

Votre bonne et longue lettre ainsi que votre paquet sont venus me trouver dans la tranchée. Vos lignes que j'ai relues, par les sentiments et les souvenirs qu'elles ont réveillés en moi, m'ont été un repos moral ; vos friandises, arrivées dans un état de conservation parfaite, ont fait mon régal et presque toute ma nourriture dans la tranchée. Nous avons été relevés hier dans la nuit et sommes au repos pour six jours, à moins d'événements imprévus. Notre lieu de cantonnement n'est pas loin de la ligne de feu, à quatre kilomètres au maximum. C'est un village qui naturellement porte les traces lugubres du passage des barbares. Peu de maisons sont restées debout. Mon escouade se trouve logée dans une cave où sont amassées, pêle-mêle, des bouteilles, vides naturellement, de fins vins et de champagne, reste des orgies boches. Le long du mur d'une humble demeure, que la mitraille a à peu près épargnée, se dresse une petite croix qui surmonte un miniscule tertre : de simples cailloux ramassés le long du chemin en dessinent les contours. C'est dans ce petit espace de rien du tout que repose une petite créature de cinq ans, arrachée à la vie par la cruauté sans nom de l'envahisseur. Elle dort à côté de ce qui fut autrefois son berceau de vie, la demeure de ses parents, que l'arrivée soudaine des reîtres a chassés vers des terres inconnues. Quand presque journellement vos yeux se posent sur tant de tristesses, quand votre cœur s'apitoie sur tant de douleurs, on ne saurait trop répéter à nos bons méridionaux, qui coulent une existence encore heureuse sur leur terre demeurée intacte, de penser souvent à tout ce qui ici s'est passé et se passe encore. On ne comprend mieux une chose, on ne la sent mieux, que lorsque soi-même on l'a ressentie et éprouvée. J'estime que c'est une partie de notre devoir à nous, qui sommes ici sur le front, de dire et de redire à tous ceux qui en sont écartés l'expression de notre âme attristée devant les ravages que peut causer une guerre sur le territoire même où elle se développe. Pénétrés de ces idées, combattants et non combattants, ceux qui souffrent et ceux qui n'ont pas souffert, se confondront dans les mêmes pensées et les mêmes sentiments et fortifieront l'unité morale, gage essentiel de notre victoire. Pas d'indifférence, pas d'égoïsme en France maintenant ! Il ne faut pas qu'il y en ait qui rient quand d'autres souffrent et pleurent. Du Nord au Sud, de l'Est à l'Ouest, le pays n'est plus qu'un cœur et qu'une pensée, c'est toute la France militante et souffrante, avant d'être toute la France glorieuse ! Nous sommes entourés ici de forêts magnifiques, et si on nous en laisse le loisir, je compte bien sous leur épaisse verdure, paisible et solitaire, trouver le bienfaisant repos. Malheureusement je crois qu'il nous sera difficile d'aussi bien nous nourrir que dans les cantonnements de repos du secteur de Vauquois. Ici le village que nous occupons est trop près de la ligne de feu pour que les civils puissent y tenir commerce ; d'autre part, nous ne sommes plus dans un centre d'état-major, par conséquent dans un lieu où résident de nombreux officiers, et si nous y gagnons au point de vue d'une plus grande liberté, nous y perdons quant à la facilité de ravitaillement. C'est ennuyeux, car il n'y a rien de tel que les bons dîners et le bon vin pour vous remettre d'aplomb à tous les points de vue.

Je suis dans la joie de penser qu'une messe va être dite à mon intention aux pieds de la grotte de Lourdes. Même à l'âge critique où la jeunesse et l'étude font naître parfois le scepticisme religieux, j'ai toujours conservé une confiance très vive et une foi ardente en la Puissance de la Vierge. Jusqu'à présent elle m'a protégé, je suis persuadé qu'elle me protégera toujours.

Je vous embrasse bien tendrement, ma chère tante Marie.

Votre neveu affectionné.

Le 22 juin 1915.

MON CHER PAPA,

... J'ai eu l'occasion de lire ces jours-ci plusieurs *Echo de Paris!* Je me suis rendu compte que les communiqués étaient excellents et la situation générale, diplomatique et militaire, satisfaisante. Il semble que nous commençons à sortir de cet état de choses inchangé que durant huit mois ont reflété nos communiqués. Les opérations poursuivies à nos deux ailes extrêmes, avec semble-t-il, esprit de suite et succès, nous font espérer une phase nouvelle et *décisive* de cette guerre. Joffre a sans doute pensé que le moment était venu, où l'offensive et l'endurance françaises pourraient enfin avoir raison de l'épuisement des Boches. Dans cette œuvre nos amis russes admirables pour la défensive (ils en ont donné les preuves en 1812 en battant la grande Invincible qui pourtant amena son armée jusqu'au cœur de la terre moscovite, jusqu'à Moscou) nous sont d'un secours sur lequel on ne saurait trop insister. Ainsi nous pouvons peut-être espérer qu'une nouvelle campagne d'hiver ne nous attend pas, et qu'avant la mauvaise saison nous serons rendus à nos familles et à notre existence normale. Pour mon compte, malgré l'immense bonheur qui m'a été procuré de pouvoir, tout comme les plus valides, tirer le coup de feu et défendre ma patrie, j'aurai une joie égale à reprendre mes études pour une carrière à laquelle je me sens toujours davantage attaché....

Le 27 juin 1915.

MA CHÈRE MAMAN,

Me voici depuis avant-hier au soir dans la tranchée; ainsi j'ai recommencé cette vie monotone et bien fatigante en même temps. Je vous l'assure, il faut beaucoup de courage pour la supporter surtout lorsqu'on ne peut en prévoir la fin et que l'on a comme quelque vague appréhension qu'il nous faudra passer encore un hiver ici ; nous vivons presque continuellement à l'écart du mouvement général des idées et des faits; d'autre part, pour mon compte personnel, mon existence se déroule au milieu des paysans ou petits artisans, d'employés et d'ouvriers, tous foncièrement égoïstes, bien ignorants parfois, possédant jusqu'à son paroxysme le défaut du français en général, l'amour de la critique de tout ce qui est fait ou dit par un supéricur ; je ne sais s'ils sont sincères dans leurs opinions et leurs raisonnements, j'aime cependant à croire qu'ils sont plus frondeurs que raisonneurs. Cependant cette ambiance de discussions dans le vide crée une sorte d'esprit qui engendre le pessimisme et le dégoût. Moi-même, pour éviter de me trouver, sans le vouloir, enveloppé dans cette atmosphère malsaine, j'ai besoin de faire appel à tout mon passé de bonne éducation et de bonne instruction. Je ne cherche pas à raisonner ces esprits mal orientés car, on sait qui je suis ; mes raisonnements seraient par avance taxés de raisonnements intéressés, émanant d'un esprit bourgeois et capitaliste !

Avoir vécu durant cette guerre au contact du vrai peuple, aura été pour moi en même temps qu'une dure épreuve une leçon d'expérience qui aura eu pour effet de faire évoluer mes idées politiques. J'ai encore tout frais à ma mémoire le souvenir des lectures de la *Réforme intellectuelle et morale* de Renan, que je faisais au début de l'été dernier, assis sur la merveilleuse terrasse du Coteau, ou sur un vieux banc rustique au sommet de la *Cime* qu'un vieux chêne rabougri et tortillard abrite contre les ardeurs intempestives du soleil des garrigues. Renan déclarait qu'une société ne pouvait être sagement gouvernée que par une aristocratie, entendons-nous, il ne s'agit pas de l'aristocratie des blasonnés qui souvent dans leur suffisance hautaine sont aussi ignorants que le peuple, mais d'une aristocratie de goût, d'intelligence et de morale. Je trouvais la pensée de Renan exagérée et je pensais que le bon peuple, représentant la majorité du nombre, bien éduqué, devrait avoir la part prépondérante dans les affaires du pays et que les idées qui font la politique d'un Etat devraient être celles de la masse. Mais maintenant que je vis en contact constant avec cette masse, je me rends compte du problème profondément complexe qu'ouvre la question de l'éducation du peuple. Et d'ailleurs cette éducation se réaliserait-elle, le gouvernement ou mieux le régime qui émettrait la prétention d'en avoir assuré le succès pourrait-il en même temps prétendre d'avoir fait œuvre solide! vous connaissez le dicton : « Chassez le naturel, il revient au galop! » Aussi tandis qu'il y a quelques mois à peine, je raisonnais en démocrate convaincu, par la simple expérience des choses, je me fais en matière politique le disciple de Renan. Je m'aperçois, ma chère maman, que du fond de ma gitonne, je suis en train de vous faire une étude de sociologie; je m'excuse, mais j'ai si peu l'occasion de causer avec les gens de mon milieu! Je me vois obligé d'interrompre, je n'ose pas dire ma lettre, mais plutôt ma dissertation, car il me faut reprendre mes dix heures de faction. Les Boches nous honorent toujours de leurs crapouillots, bombes, grenades, à m'obliger d'avoir les yeux fixés constamment soit en l'air soit au créneau; ils me donneront le torticolis; j'ai reçu une bonne lettre d'Anne qui me dit penser constamment à nous. Je la remercie du fond du cœur, car ici c'est la pensée des vôtres qui vous soutient. Je n'ai plus de nouvelles d'Edouard depuis six jours.

Je vous embrasse tous bien tendrement.

Votre fils affectionné.

Le 29 juin 1915.

MA CHÈRE MAMAN,

Je ne puis toujours vous écrire aussi longuement que je le voudrais. Quand je suis en tranchée, les quelques heures de repos et de sommeil que nous pouvons obtenir nous sont bien nécessaires pour atténuer le surmenage et la nervosité, cause des fatigues, des travaux de nuit et de la tension d'esprit qui constamment vous tient lorsqu'on monte la faction. Ma compagnie occupe, cette fois-ci, une position peu avantageuse. Quand nous sommes arrivés, nous avons d'abord trouvé la tranchée toute bouleversée par les récents bombardements. Il a fallu se mettre à l'œuvre pour entreprendre le travail de restauration ; d'où, corvées sur corvées, qui nous prenaient toute la nuit ; ceux qui n'y participaient pas ont pris douze heures de faction. Presque tous les soirs le travail est à recommencer, car dans le jour nous sommes l'objet d'un violent bombardement. Jamais, je crois, je n'avais encore vu éclater les bombes et les crapouillots si près de moi qu'avant-hier; à droite, à gauche c'étaient de grosses étincelles suivies d'un déchirement sinistre et d'un déplacement d'air qui se répétait à tel endroit ou tel autre, suivant le lieu d'éclatement. Autant que cela m'était possible je m'accroupissais, cachant ma tête dans mes bras et offrant aux éclats la plus grosse partie de ma personne. Je profitais d'une seconde de répit pour me redresser comme un ressort et jeter un regard rapide au travers du créneau. Cette situation m'angoissait, d'autant plus que sur un espace de cent mètres, nous n'étions que deux sentinelles en ligne; presque tous les autres hommes de la section se trouvaient employés par des corvées; je me demandais sans cesse, avec anxiété, ce que nous ferions tous deux si les Boches venaient à surgir. Je vous assure, ma chère maman, qu'on a beau se sentir plein de courage et de confiance, il y a des moments où c'est plus fort que vous, on se sent une si petite chose devant le danger, qu'on se dit « tant pis, adviendra ce que voudra » et on fait le sacrifice de tout, même de ce qui vous tient le plus au cœur : la famille, son avenir. Je ne saurais trop rendre grâces à Dieu et à la sainte Vierge des mille dangers contre lesquels s'exerce sur moi leur salutaire protection, dont hier encore j'ai ressenti les effets. Voici dans quelles circonstances : mon créneau avait été refait au cours de la nuit; au travers de son ouverture se dessinait merveilleusement la ligne boche. En promenant un regard rapide sur cet ensemble très intéressant (que je n'ai pas le loisir de vous détailler ici), j'aperçus un énorme périscope qui se promenait le long de leur tranchée. Mon fusil en main, je visai l'objet, tirai; le périscope disparut; sur ces entrefaites, passe dans la tranchée mon chef de section; je lui signale le cas. Tous deux nous nous approchons du créneau, lui pour voir, moi pour lui expliquer, lorsque au même moment une balle arrivée par l'orifice du créneau, passe entre nos visages, effleure ma joue (j'en ai senti la brûlure) et vient ricocher sur le parapet de la tranchée; un Boche avait vu partir sans doute mon coup de feu, et prenant bien sa ligne de mire m'attendait au retour. Il a failli réussir. J'ai conservé la balle en guise de souvenir. Nous croyant d'abord blessés, après nous être tâté le visage, nous nous sommes, mon chef de section et moi, mutuellement congratulés. Durant les nuits on sent une certaine nervosité de part et d'autre; cela provient du fait qu'à notre gauche, à Vienne-le-Château, d'où nous sommes peu éloignés, on se bat chaudement; on craint toujours que les attaques et contre-attaques débordent de droite et de gauche, que la fusillade se déclanche; on est constamment sur le qui-vive. Je reçois moins régulièrement vos lettres, seulement tous les trois ou quatre jours. Depuis mon arrivée dans la tranchée j'ai eu une bonne lettre d'Anne, mais rien de vous. La confiture est excellente et me fait manger du pain. Les cigarettes ont été les bienvenues, car depuis quelque temps j'en étais privé. Edouard vous a-t-il écrit ?...

Je vous embrasse bien tendrement ainsi que tous.

Votre fils affectionné.

Le 3 juillet 1915.

MON CHER PAPA,

...A quelques mètres du lieu d'où je vous écris est tombé un 210 en faisant un trou formidable. J'ai bien un peu le cœur secoué, l'esprit inquiet en songeant qu'à un moment ou un autre je puis me trouver pris dans une rafale. Mais nous en sommes tous là. Où se mettre ? Où se protéger ? N'est-ce pas partout la même chose ? N'y a-t-il pas d'ailleurs de meilleur bouclier que celui que vous donne la confiance en la protection de la Providence ! Je suis déjà tout étonné de pouvoir résister à tout ce que la défense de notre sol nous impose, — et cette idée qu'on offre sa fatigue, sa sueur, ses inquiétudes à la plus sacrée des causes — et ce, non inutilement j'espère, suffit pour maintenir mon énergie. Je vis dans l'espérance ; le dirai-je, les illusions. Mais quoi de plus doux que les illusions que me donne ma carrière future; et je me laisse bercer par la joie profonde que j'aurai à me retrouver dans mon vrai et cher milieu, une fois mon devoir accompli, dans la conviction d'avoir, au cours de cette grande tourmente, agi selon mon âge, ma conscience et mes désirs. Je n'avais jamais autant entendu tonner le canon. Lors de l'attaque de Vauquois, la zone d'action était beaucoup plus restreinte que celle-ci. Il ne s'agissait que d'une butte de quatre cents mètres au plus. Je ne pense pas d'ailleurs que les Boches veuillent élargir leurs attaques de notre côté, car la situation du terrain (successions de ravins étroits) serait à leur désavantage. Mais ne doit-on pas s'attendre à tout? Dans une de mes dernières lettres je disais à maman que lorsque vous écririez à l'oncle Gustave, de penser à lui envoyer mon affectueux souvenir. Je tiens à ce que vous pensiez à ce que je vous demande, mon cher papa, car je n'aurai jamais trop de reconnaissance pour la bonté que ce bon oncle Gustave n'a cessé de manifester à mon égard. Les pêches me sont arrivées, mais quelque peu endommagées.

Je vous embrasse tous de tout cœur en vous demandant de bien prier pour nous.

Votre fils affectionné.

Le 17 juillet 1915.

Ma chère Tante Cécile,

Vous voudrez bien m'excuser d'avoir si longtemps tardé pour répondre à votre bonne lettre et vous remercier de l'excellent pot de confiture. Depuis le 13, je ne m'appartiens plus et à la volée, pour ainsi dire, je saisis quelques minutes pour envoyer à papa et à maman de mes nouvelles. La pluie qui depuis deux jours tombe par grosses averses, a rafraîchi l'ardeur des Boches rendus, sous l'influence mégalomane et cruelle de leur chef, le Kronprinz, très entreprenants et très sauvages. Ils ont, le 13 juillet au matin, engagé une action qui a embrassé la presque totalité du front de l'Argonne, essayant, par deux routes différentes, de s'emparer de la voie ferrée Sainte-Ménéhould-Verdun ; sur certains points ils ont gagné quelques mètres ; sur d'autres ils ont reculé. En somme, nous avons dans ces actions partielles les manifestations les plus nettes d'une guerre d'usure pour un résultat bien maigre ; les Boches, comme nous, ont sacrifié beaucoup d'hommes. C'est effrayant ; on se perd dans les raisonnements pour savoir comment et quand finira cette terrible guerre. Et lorsque vous voyez les hommes les plus compétents dans le domaine politique comme dans le domaine militaire ne pouvoir vous répondre, si ce n'est par un point d'interrogation, vous vous abandonneriez au découragement si vous n'aviez la conviction profonde que la Providence, infiniment bonne et miséricordieuse, ayant pitié des souffrances des combattants et des captifs, des angoisses trop prolongées des familles, ne s'interpose bientôt entre les hommes, pour restaurer la paix au sein des nations, la joie au sein des familles.

Vous pensez, ma chère tante, combien mon cœur se porte souvent vers le souvenir de mes deux chers cousins. Dans sa longue et dure captivité, Théo va puiser de nouvelles sources d'énergie et son caractère déjà si robustement échafaudé trouvera au cours de ces heures d'exil l'occasion maintes fois répétée de gagner jusqu'à la perfection. Cela, ma chère tante, doit être pour vous et l'oncle Jean la plus pure des consolations, car sur l'avenir de Théo non seulement vous avez lieu d'être rassurés, mais aussi de vous réjouir. Le sort du bon petit Charlot, dont la gaieté, la franchise m'ont toujours attiré, ne doit pas être envisagé avec un pessimisme outré. Votre foi si pure, presque surnaturelle, qui se répand sur toute la famille, est pour nous, ma chère tante, le gage d'une immuable espérance. Si nous envisageons la réalité, considérez combien de familles se sont trouvées durant des mois dans la situation qui est la vôtre et qui ont eu enfin la joie d'une bonne nouvelle. Certains articles de journaux que j'ai pu hâtivement parcourir donnent la plus grande assurance sur le sort des disparus. Très souvent, j'entends dire encore que la main-d'œuvre française employée en Belgique est considérable. L'essentiel est que le Bon Dieu ait fait germer dans l'âme de Charlot assez d'énergie et de résignation pour alléger son triste sort. Du moins, ma tante, aux heures où la douleur d'une mère sera plus forte que tout, pourriez-vous penser que Dieu a épargné à vos deux fils le spectacle entier et prolongé d'une guerre qui en se déroulant prend un caractère de sauvagerie indigne de notre époque. Je ne sais si la nature finit par s'habituer à voir tant d'horreurs; mais pour mon compte, je suis encore tout bouleversé par la vision récente des procédés atroces et sans cesse renouvelés qu'emploient les Boches à notre égard : après le pétrole, les gaz asphyxiants de l'effet desquels j'ai pu me rendre compte le 13 au matin (le 3me bataillon du 76me a été, de ce fait, presque anéanti); les Boches usent contre nous d'obus empoisonnés dont le moindre éclat devient mortel et provoque de cruelles souffrances. Ils ont aussi trouvé un système de lames circulaires à tranchants affinés qui, au moyen d'un appareil que j'ignore, arrivent dans la tranchée avec un mouvement de rotation très accentué et vous pénètrent dans les chairs comme un rasoir. Ces procédés sont ceux de la bête fauve qui, prise au piège, déploie contre ceux qui la domptent, dans les derniers soubresauts de son agonie, le paroxysme de sa perfidie et de sa cruauté.

Je vous embrasse, ma bonne tante Cécile, et vous remercie de vos bonnes prières. De mon côté ma pensée monte vers Dieu pour Théo et Charlot. Bons baisers à l'oncle Jean, Marie et Edouard.

Votre neveu affectionné.

Le 19 juillet 1915.

MON CHER PAPA,

Je trouve enfin quelques loisirs après de rudes journées d'épreuves physiques et morales. Entreprendre le récit des événements auxquels j'ai participé et des impressions qui les accompagnèrent serait œuvre trop laborieuse que ni le temps, ni la discrétion à laquelle je me vois tenu, ni enfin l'espèce d'abrutissement où je me trouve engourdi ne me permettrait de mener à bien. Lorsque, il y a exactement une douzaine de jours, après un précédent séjour dans la tranchée, nous quittions les emplacements de réserve où avec fébrilité nous maniâmes pelle et pioche, nous regagnâmes les positions de première ligne flanquant à l'Est le *Four-de-Paris,* tout fut d'abord si calme qu'une allégresse à peine dissimulée s'empara de nous; on entrevoyait déjà un séjour de tranchée peu pénible; les pessimistes qui répétaient ce dicton banal : « le calme est précurseur des orages », étaient baffoués. Ils avaient pourtant raison, car si les Boches ne nous divertissaient plus de leurs séances journalières d'obus et de crapouillots, c'est qu'ils économisaient en vue d'une plus grande séance qui devait avoir son prélude le 13 au matin, c'est-à-dire, le jour même de notre relève, avec un bombardement formidable qui dura près de quatre heures. Cette fois-ci, c'était à tout le front de l'Argonne que le Kronprinz en voulait. Le canon crachait de Birarville jusqu'à Bouserville. Le centre de l'action paraissait être au plateau de Bolante, situé sur notre droite et que défendait le 3me bataillon du 76me. A l'extrémité méridionale de ce plateau descend en effet une route qui plus facilement encore que par Bagatelle et Vienne-le-Château conduit à Sainte-Ménéhould. Le front présentait donc deux points sensibles Bagatelle et Bolante. De ce fait, c'est sur ces deux points que se porta tout l'effort de l'attaque allemande. Je ne puis que vous résumer très brièvement les phases de l'action, une fois le bombardement terminé. Le 1er bataillon occupait le ravin de Courte-Chausses ; nous eûmes à subir la plus violente des fusillades, telle que jamais encore je n'en avais soupçonné, ainsi que l'effet des gaz asphyxiants. Les balles qui par milliers sifflaient au-dessus de nos têtes s'enfonçaient dans la forêt, fauchant branches et feuilles. De grosses marmites boches éclataient avec un fracas infernal, nous inondant de mitraille, cependant que la grande vague jaunâtre des gaz projetés de Bolante déferlait le long du ravin, nous obligeant à revêtir notre masque protecteur, car déjà sur les yeux et dans la gorge nous en ressentions les effets néfastes. En même temps, crapouillots, bombes, torpilles et toutes ces saletés *made in Germany* entraient en danse. Quel enfer, mon cher papa ! A ces minutes suprêmes je ne me reconnaissais plus moi-même. Quand à ses côtés on voit des camarades s'effondrer, les uns sans une parole — ce sont les plus heureux, — d'autres avec de longs et pitoyables gémissements ; quand au milieu du vacarme on ne sait plus, on n'entend plus, on ne pense plus, sinon que dans une minute, une seconde peut-être le sort de votre camarade vous attend, on n'est plus qu'une machine qui tire des coups de fusils, qui lance des grenades, convaincu qu'on n'échappera pas on se dit : tant pis. On est sacrifié et résigné à tout. Mais s'il faut mourir on ne veut pas trop souffrir. Quand le calme renaît, qu'on se retrouve en chair et en os, on est comme stupéfait, et chose curieuse, la peur seulement vous saisit à ce moment-là. Cependant nous n'eûmes pas à faire usage de nos baïonnettes, les Boches n'étant pas sortis de leurs repaires; la nature du terrain entre nos lignes et la leur, rendant une attaque trop difficile sinon impossible. Plus malheureux furent les camarades du 3me bataillon qui à Bolante supportèrent tout le gros de l'effort Est. Pauvre bataillon! Il ne forme plus qu'une poignée d'hommes. Dans le lointain j'eus la vision d'une lutte corps à corps terrible se déroulant au milieu de la fumée des gaz, des obus et dans ce tumulte effrayant; uniquement la rumeur poignante et solennelle du combat, pas un cri humain. Finalement nous gagnâmes du terrain vers Bagatelle, tandis que nous reculâmes dangereusement sur Bolante, n'eût été le tir efficace de notre artillerie qui empêcha la mise en action des réserves allemandes, l'engagement faillit se transformer en bataille en rase campagne tournant à notre désavantage. Les Boches pensant que tout allait se bien passer (le Kronprinz avait obtenu des régiments du XIIme corps, corps d'élite) avaient envoyé des patrouilles jusqu'à la Pierre-Croisée, c'est-à-dire jusqu'à la pente conduisant directement à la vallée des Islettes et de là à Clermont ou Sainte-Ménéhould. Depuis ces événements les alertes sont fréquentes surtout à la tombée du jour et à l'aurore. Nous avons eu avant-hier une grosse appréhension, ayant craint que le 1er bataillon, le moins touché, ne fût désigné à reprendre les lignes perdues à Bolante. Nous n'avons plus nos sacs, seules nos musettes et notre toile de tente nous restent. S'il faut s'élancer à la baïonnette sur le plateau de Bolante on le fera, persuadé en ce qui me concerne, que mes croyances et ma conviction profonde en des jours meilleurs me serviront de bouclier. Reprendrons-nous bientôt le terrain perdu sur le Bolante, continuerons-nous à pousser notre contre-offensive heureuse sur le Bolante? La reprise d'une période active en Argonne ne peut coïncider qu'avec le retour d'un temps meilleur. Or depuis deux jours le temps est épouvantable. Sur le ciel uniformément bas et gris courent de gros nuages noirs et déchiquetés qu'un grand vent emporte. Nous pataugeons dans l'infecte boue que des averses répétées entretiennent. Je ne suis plus qu'un bloc mouvant de boue et de saleté; à quand le repos? Mais faut-il maintenant y bien songer?

Je vous embrasse, mon cher papa, ainsi que maman, Marie, tante Marie; et je compte qu'en ces heures vraiment dures à passer, votre pensée va souvent vers moi et ne m'oublie pas.

Votre fils affectionné.

Le 26 juillet 1915.

MA CHÈRE TANTE MARIE,

Je m'en veux de ne plus pouvoir donner à ma correspondance le temps que j'y consacrais auparavant. Je me vois contraint de réduire mes lettres à la famille seule et de cesser de correspondre avec les meilleurs d'entre mes camarades. Sur mon carnet de route je n'emploie plus qu'un style algébrique. Depuis un mois la Division, courageusement, héroïquement, donne tout son effort. Nos chefs savent qu'ils peuvent compter sur elle. Ils lui demandent de grands sacrifices. Tous, ou presque tous, nous voulons nous tenir à la hauteur de notre réputation. Pour moi, je suis très fier d'être incorporé au sein de ces unités que nos généraux apprécient. Sans changer de secteur, nous nous sommes cependant transportés d'un point extrême du secteur (extrême-ouest : Four-de-Paris) à un autre point à l'est :

le plateau de Bolante au lieu dit Haute-Chevauchée. Hier nous avons quitté la tranchée par un temps horrible qui depuis le 14 juillet ne s'améliore pas. Les tranchées ne sont plus que des mares croupissantes où, sous une couche d'eau atteignant à certains endroits cinquante centimètres, repose une vase jaunâtre et gluante.

Cette nuit, la relève fut digne d'une épopée; sous la clarté blanchâtre qui tombait du ciel, par une pluie battante qui nous cinglait le visage et les mains et transformait nos capotes en éponges, le régiment défila à travers les boyaux, les bois et les routes. Ma capote avait doublé de poids, par suite de la boue qu'elle avait ramassée. Nous buttions comme des vieux chevaux de rancart; avec le revers de la manche nous nous essuyions la figure car la pluie nous aveuglait. Les balles sifflaient au-dessus de nos têtes, mais on s'en moquait bien. Tout ce qu'on voulait, c'était boire, dormir, se reposer. Quelles heures à jamais gravées dans mon souvenir! A pareil régime mes vieilles douleurs se réveillent; un rhume formidable a mis mes bronches en révolution. Nous avons donc quitté la tranchée pour la réserve. C'est à travers ces admirables forêts de l'Argonne, qui ne le cèdent en rien à la forêt Noire ou à celles de la Haute-Bavière et dont la réputation serait égale à ces dernières si la publicité et les capitaux s'en donnaient la peine, que nous avons gagné le ravin au flanc duquel sont creusés nos abris. Quel site merveilleux où la nature a mis toute sa puissance grandiose! Un esprit cultivé, qui s'est formé par l'étude et les voyages, pourrait y faire revivre les souvenirs profonds de ses lectures et pérégrinations, s'il pouvait posséder ce qu'actuellement je n'ai pas, le calme physique et moral. Figurez-vous les profondes et mystérieuses forêts de la Walkyrie, de l'Or-du-Rhin et de Parsifal, où se déroulent les sombres et mystiques légendes wagnériennes, vous aurez l'image de notre retraite. Grands chênes séculaires, mélangeant leurs noirs branchages à celui plus noir encore des sapins, et à celui tendre et léger des hêtres et des bouleaux; pentes abruptes tapissées de feuilles mortes et de mousses, rocailles blanches comme neige aux formes excentriques, d'où perlent les gouttelettes qui formeront le frais ruisseau, bientôt souillé hélas par la soldatesque sans pitié. Au sommet du ravin passe la grande route qui conduit à Varennes occupée. Elle est toute défoncée par le passage continu des trains de l'artillerie et du ravitaillement. A cet endroit une seule maison la borde, partout ailleurs les grands et tristes sapins qui la longent lui donnent un aspect d'allée de cimetière. Cette maison, est la maison forestière du Four-aux-Moines. A travers son verger saccagé, on embrasse un coup d'œil unique : celui du front, s'étendant depuis les environs immédiats de Verdun jusqu'aux limites de la Champagne. Sur ce morne horizon, tout plein de l'écho du canon, se dessine, estompé par la brume, le piton de Vauquois et la basilique de Montfaucon dont les Allemands sont les maîtres. En ce point de la route d'énormes pièces de canons sont braquées, prêtes à cracher si la horde tudesque tentait un jour de se répandre dans cette plaine immense. A côté de la maison forestière, non loin de la route, un vaste espace a été aménagé. C'est là que s'élèvent par centaines les tombes des camarades tués. A travers les allées encore mal définies de ce lieu, où dans la solitude reposent ce que Lavedan, je crois, nommait les héros inconnus, j'ai promené mes pas. Sur presque toutes les croix de bois étaient inscrites les dates des 13 et 14 juillet 1915, c'est-à-dire, celles des récentes attaques. J'ai parcouru tout cela par un ciel triste où couraient de gros nuages noirs déchiquetés. J'en ai rapporté une impression si profonde, qu'il me faudrait le calme le plus serein pour vous en exprimer l'empreinte ineffaçable. Actuellement la compagnie fait des corvées; sans y participer je les surveille et les accompagne, et quand je vois la charge que portent les hommes, je me dis que certainement le Bon Dieu a dû me donner un surcroît de forces physiques pour avoir pu, lorsqu'on les exigeait de moi, exécuter ces corvées. Votre colis m'a fait le plus grand plaisir. Dans ces lieux perdus, où seule la vie de la nature semble avoir des droits, ces friandises qui viennent de la famille sont les bienvenues. Fumer est une distraction dont je ne puis maintenant me passer, aussi vos cigarettes et celles de maman m'ont causé grand plaisir. Je vous envoie ces lignes tandis que mes hommes pellent et piochent. S'il m'avait fallu faire comme eux, je ne sais quand j'aurais pu vous écrire.

Je vous embrasse bien tendrement, ma chère tante Marie, ainsi que tous les habitants de la rue Campane.

Votre neveu affectionné.

Le 28 juillet 1915.

MA CHÈRE MARIE,

Nous sommes encore en réserve dans notre profond et solitaire ravin. Aidés par le génie, nous l'aménageons en vue de parer à un nouveau recul et en cas de retraite, pour nous l'assurer en bon ordre et aussi restreint que possible. Il me semble que tous ces travaux, qui en somme font partie de la défense avancée de Verdun, auraient dû se trouver sur pied depuis longtemps, depuis le jour où nos lignes furent stabilisées. Je constate une fois encore la preuve de notre insouciance et de notre légèreté bien propres à nous, Français de tout ordre et de toute classe. Nous possédons, à un degré auquel aucun autre peuple encore n'est parvenu, l'intelligence, l'initiative, le génie créateur. Mais toutes ces belles qualités de l'esprit sont en quelque sorte neutralisées par un manque d'organisation et une imprévoyance parfois révoltante. J'en ai eu ici des preuves trop tangibles, il y a à peine quelques jours. Ça m'a serré le cœur jusqu'à m'arracher des larmes. J'ai pensé que nos qualités de bravoure, d'abnégation devaient être bien grandes pour remédier à ce qui manque chez nous de méthode et d'esprit de suite, et pour nous permettre de résister à un adversaire qui, s'il n'a pas le génie de la création, possède celui de l'organisation et de l'assimilation à un point dont il est difficile de nous douter. Durant mes séjours en Allemagne, et surtout dans une grande ville allemande, j'ai pu juger des vices qui souillaient l'âme de nos voisins d'Outre-Rhin, mais loyalement j'ai dû reconnaître leurs qualités, les admirer; et mon devoir est, je crois, d'en pénétrer l'âme de tous ceux qui m'entourent, car connaissant mieux leur adversaire ils le battront mieux. L'impression la plus profonde qui s'est incrustée en moi en repassant le Rhin, est que le Germain dans tous les domaines de l'activité humaine, depuis le plus infime, le plus mesquin, jusqu'au plus grand (conduite de l'Etat) était doué d'un esprit d'*ordre,* de *sérieux,* de *ténacité,* de *discipline hiérarchique* et *religieuse* à nul autre pareil. Cela t'expliquera en partie toutes les cruautés des Allemands dans cette guerre, qui, complètement subjugués par la caste de leurs officiers, lesquels ont conservé encore l'âme sanguinaire et tortionnaire des féodaux chevaliers de feu et de sang, dans un amour déraisonné de la discipline, se sont livrés corps et âme à des criminels, qui pour cacher leurs crimes ont commis le sacrilège infâme de revêtir l'uniforme sacré du soldat. Mais je le répète, il n'y a pas qu'infamie et honte en Allemagne. Il y a des qualités, et il appartient au vrai patriote de savoir les distinguer en se pénétrant de cette idée que tout n'est pas pour le mieux dans la meilleure des France et que pour arriver au triomphe complet il faut savoir glaner, même chez nos pires ennemis, ce qu'ils ont de bon. Les différents paquets que je viens de recevoir en arrivant ici m'ont tous causé beaucoup de plaisir. Je suis très content de mes guêtres et de ma montre. Le « Punch » m'aidera à passer les longues heures d'ennui. Quant au gâteau de tante Marie et au tien, d'une finesse, que le palais sait seul apprécier, mais que la langue ne peut exprimer, j'ai eu presqu'un scrupule de les manger au milieu des bois dans un appareil de cuisine si peu confortable. Je me demandais si leur place n'aurait pas mieux été au milieu d'une table bien servie et décorée, autour de laquelle des convives sélects et raffinés jetaient, entre la poire et le fromage, des regards de convoitise.

Notre capitaine trouvant sans doute que sa compagnie venait de passer de dures journées de labeur et de privations, a permis que deux hommes par section se rendissent dans les centres voisins pour y chercher des approvisionnements. Avec les caporaux et sergents de ma section nous avons commandé du fromage, beurre, jambon, confiture, lapin, etc., et depuis hier nous faisons d'excellents repas qui, en nous redonnant des forces, créent parmi nous la gaieté un moment éteinte. J'en ai profité pour arroser mes galons en payant aux gradés de ma section quelques bonnes bouteilles de vin fin.

J'arrête ma lettre; les canons se mettent à donner de toute part. Que se passe-t-il? En tout cas le vacarme est assourdissant. Je crois qu'il est prudent de m'enfermer dans mon souterrain, car il est impossible d'entendre l'arrivée des obus boches qui commencent à répondre au feu de nos pièces.

Je t'embrasse du fond du cœur ainsi que maman, papa et tante Marie.

Ton frère affectionné.

Les journaux m'ont beaucoup intéressé. Dis à papa que s'il trouve quelques articles de politique extérieure et de finance intéressants il me les découpe et me les conserve.

Le 26 août 1915.

Ma chère Maman,

Vos lettres qui maintenant m'arrivent au bout de six jours et par paquets de trois ou quatre, forment un des meilleurs moments de la journée. Elles me sont remises le soir à dix-sept heures et demi, lorsque tout suant et éreinté, je reviens de la manœuvre. Je ne les ouvre pas tout de suite, car je veux les lire en toute tranquillité d'esprit. Je vais me débarbouiller à la rivière. Une fois bien propre, je me rends chez notre excellente ménagère; je m'assieds à table et avant de commencer le repas, je demande à mes camarades de table la permission de lire ma correspondance. Eux-mêmes font pareillement. Ainsi nous avons le meilleur des apéritifs.

Vous comptez aller à Lourdes : c'est une excellente idée. Ta confiance en la sainte Vierge et celle d'Edouard se trouveront bien fortifiées si nous savons que vous êtes allés demander à notre Bonne Mère de nous garder sa protection pour l'avenir comme elle l'a fait par le passé. Le voyage vous sera bien facilité et rendu très agréable si vous le faites en compagnie de la bonne tante Cécile pour qui j'ai une pensée fidèle et toute pleine d'une profonde affection. La sainte Vierge après de si dures épreuves rendra à la famille ses membres en même temps que sur elle planera à nouveau la joie et le bonheur du passé. Dites à l'oncle Alphonse que je fais des vœux ardents pour le rétablissement de la santé de madame Vincenti.

Je vous embrasse tous bien tendrement.

Votre fils affectionné.

Le 31 août 1915.

MA CHÈRE MARIE,

Je t'écris aujourd'hui car devant rejoindre mon régiment il me sera impossible demain et peut-être après-demain de vous envoyer de mes nouvelles. Vous devez avoir appris avec plaisir ma nomination au grade de sergent. Moi-même j'en suis très heureux, car j'aurai la vie plus libre et surtout je n'aurai plus à souffrir des corvées si pénibles imposées aux hommes et auxquelles sont parfois, faute de nombre suffisant d'hommes, soumis les caporaux. Je vois encore comme dans un cauchemar ces si dures corvées que je dus subir et qui furent pour moi ma plus grande souffrance physique et morale peut-être, car je te l'assure, ma chère Marie, tandis que je n'avais en ces heures inoubliables comme seul témoin de mes misères que la lugubre colline de Vauquois, j'aurais préféré ne pas exister. De ce temps écoulé je retire une morale : j'ai vécu la vie des vrais soldats au front, des poilus, je me suis confondu à eux de telle sorte que jusqu'au plus intime de moi-même j'ai été imprégné de leur vie physique et morale. Les connaissant, maintenant que je suis appelé à les commander, je m'efforcerai de ne rien leur demander qui soit au-dessus de leurs forces physiques, qui put affliger leurs sentiments. Et si je me trouve devant un cas de force majeure, très nombreux ici, j'essayerai, ce sera difficile, de leur prouver la grandeur de leur sacrifice et de leur douleur. Mon capitaine, passagèrement à Belle-Fontaine, m'a félicité et m'a souhaité bonne chance.

Bons baisers à tous. Je pense bien à maman.

Ton frère affectionné.

Le 11 septembre 1915.

MON CHER PAPA,

J'ai peu de temps à moi car la compagnie est chaque jour employée à la confection des travaux dont les sergents sont chargés d'assurer l'exécution. Hier je surveillais une équipe dont la mission était de poser des fils de fer. Le capitaine du génie grand directeur des travaux vint à passer, et voyant sur ma capote le n° 76 me dit'avec une forte intonation méridionale : « Ah! le 76me, j'espère qu'il va continuer à prouver son excellente réputation! » J'ai été très flatté de ce compliment et pour encourager mes hommes, je suis allé leur rapporter la parole du capitaine. Tout notre temps se passe en travaux et nous trouvant tout à l'arrière des premières lignes nous sommes arrosés par les projectiles allemands; à la hâte souvent on doit courir vers les abris pour se protéger. Nous ne marchons qu'en cas d'attaque et contre-attaque; espérons que pendant notre séjour ici rien d'anormal ne se passera.Hier a paru à la Décision ma note obtenue au peloton et provenant de la Division. J'ai eu 18/20 ce qui est égal à T. B. Je n'aurais jamais cru obtenir une si bonne note et je me demande réellement ce que j'ai pu faire de plus que les autres pour la mériter. La température est très froide depuis deux jours, il fait un très grand vent froid qui court le long des ravins et est comparable au mistral.

Je vous embrasse tous bien tendrement.

Votre fils affectionné.

Le 23 septembre 1915.

MON CHER PAPA,

Peut-être n'aurai-je plus l'occasion de mettre maintenant à ma correspondance la régularité que jusqu'à présent je me suis efforcé de mettre. Vous en devinez sans doute la raison si je ne puis vous la dire. Nous sommes à la veille de grands événements qui certainement décideront du sort et de la durée de la guerre. Notre commandant de compagnie nous a tous réunis, j'entends tous les sous-officiers de la compagnie, pour nous résumer la conférence faite par le général commandant le Corps d'Armée aux officiers. Ainsi j'ai pu apprendre des choses très précises, très encourageantes, mais sur lesquelles je dois garder le secret le plus strict, un vrai secret professionnel. Je peux seulement vous dire qu'on nous considère comme unités d'élite en lesquelles tous nos chefs ont la confiance la plus absolue. On nous a confié un poste d'honneur, mais, disons-le aussi un poste de danger. C'est, pour moi, une joie suprême que de me trouver au sein de pareilles unités et, malgré le grand trouble de mon âme, l'anxiété de l'avenir, j'ai la plus grande confiance en la protection du Bon Dieu et de la sainte Vierge, en votre pensée constante ainsi qu'en celle de maman qui me suit chaque jour, j'ose dire à toute heure. Quelque chose de profond me dit que je vous reverrai tous et qu'après cette guerre ma vie se poursuivra dans une carrière, à la préparation de laquelle j'aurai employé la grande partie de mes heures de jeunesse dans ce cher et admirable Paris. Je ne vois rien à vous raconter bien que je brûle d'envie de vous faire un long récit sur ce qu'on nous a dit et sur ce que nous faisons durant cette veillée des armes. Nous avons quitté la Meuse. L'Argonne, étant donné la nature de son terrain, sera un point de résistance et de défense où le recul s'opérera de lui-même. La confiance et le sang-froid de nos chefs sont admirables. C'est pour nous le meilleur des encouragements.

Je vous embrasse bien tendrement, mon cher papa, ainsi que maman, Marie et tante Marie. Priez bien pour la réussite du plan de nos chefs, c'est le meilleur moyen de se revoir bientôt au sein d'une paix glorieuse.

Votre fils affectionné.

Le 26 septembre 1915.

Ma chère Maman,

Je ne suis pas du tout dans mon élément pour vous écrire, mais comme je ne veux vous laisser aucune inquiétude je fais un effort sur moi-même. Je crois sortir d'un cauchemar épouvantable. Hier nous avons donné l'assaut et culbuté la première ligne boche. Je me demande par quel miracle je suis encore vivant. Ce seront pour moi des heures inoubliables de mon existence que celles qui firent la journée d'hier. Minutes suprêmes celles qui précédèrent l'attaque elle-même où tout se préparait dans un silence effrayant, où nous sentions où l'on nous conduisait. J'avais de terribles pressentiments. Mon bataillon marchait en tête, ma compagnie à l'extrême-droite. Lorsque sonna la charge, je m'élançai je ne sais comment, je passai à travers l'ouragan de Balles et de mitraille que les Boches déchaînaient contre nous, je ne sais comment encore. Pour me donner du courage, je criais : en avant! Dans

8

la mêlée, comme beaucoup d'autres, je perdis ma section. Enfin j'arrivai dans une tranchée où on me donna l'ordre de rester. A la tombée de la nuit nous avons été relevés. La pluie tombait à torrents. Ceux qui comme moi avaient la chance de survivre ne formaient plus qu'un bloc de boue, la sueur se mélangeant à l'eau qui imprégnait nos vêtements. Je marchais comme un automate, butant et glissant, n'entendant plus rien si ce n'est comme un sifflement perpétuel car la fusillade, pour le moment, m'a rendu sourd. Nous sommes dans la forêt détrempée par la pluie; mais brisé par la fatigue je me suis allongé avec mon sac comme oreiller et mon imperméable comme isolateur. Cependant j'ai dû me lever au petit jour car l'humidité froide tombant des arbres m'avait engourdi. Après tout cela quelle action de grâces ne devez-vous pas rendre avec moi, au Bon Dieu et à la sainte Vierge ! Avec quelle foi ne devrez-vous pas les invoquer pour qu'ils continuent à nous préserver et à me donner la force physique aussi bien que morale de persévérer.

Je vous embrasse bien tendrement, ma chère maman, ainsi que papa, tante Marie et Marie.

Votre fils affectionné.

Le 6 octobre 1915.

MA CHÈRE MAMAN,

Je vous adresse ces quelques lignes alors que nous sommes prêts à repartir pour l'attaque. Nous ne sommes pas, cette fois, troupes de premier assaut, mais de réserve. Si tout marche bien on n'aura pas besoin de nous et nous resterons alertés deux jours et une nuit. Le bombardement a commencé. La quantité de projectiles qu'on déverse sur les Boches est effrayante. Quand n'aura-t-on plus la vision de tout cela et quand notre âme trouvera-t-elle un peu de repos? Plus on se fait vieux sur le front, plus les craintes augmentent. C'est un phénomène qui se produit chez tous. La confiance indéracinable que j'ai dans l'avenir me sauvera, j'en suis assuré.

Je compte recevoir de vos nouvelles car, actuellement, c'est ce qui me fait le plus grand bien.

Le 11 octobre 1915.

MA CHÈRE MAMAN,

Je suis depuis hier soir en tranchée. Nos nouvelles positions sont à deux cents mètres environ du lieu où nous étions en réserve et toujours plus à l'ouest. Ainsi, toujours davantage et par étapes, je me rapproche d'Edouard. Cette pensée m'est une consolation dans toutes mes vicissitudes. La marche d'hier fut très fatigante car, sur vingt kilomètres, nous avons eu au moins dix kilomètres de boyaux. Mesure sage, car dans ces régions aux grands horizons, au terrain dénudé, une colonne en marche serait, sans mesures de précaution, très facilement repérable surtout par les avions. Lorsque à la fin de notre marche (il faisait déjà nuit) nous quittâmes les boyaux, ce fut pour pénétrer en territoire récemment repris aux Boches. Les différentes tranchées boches furent traversées au moyen de passerelles en bois et le terrain devint très difficile à cause de la quantité formidable d'obus qui tombèrent le jour de l'attaque sur ce point, y faisant des trous profonds de différentes dimensions. Pour ma part j'ai ramassé une bûche sérieuse. Mon chef de section m'a avoué ce matin en avoir fait autant. Toutes ces tribulations se produisirent pendant quatre kilomètres environ représentant l'espace récemment enlevé aux Boches. Nous gravîmes une pente au sommet de laquelle courait une route. De l'autre côté de la route, une tranchée dans laquelle, après nous être déployés en tirailleurs, nous sautâmes rapidement. Ce sont les défenses toutes nouvelles, esquissées plutôt que terminées, où de petites grottes, à peine ébauchées, nous servent de chambres à coucher. En arrivant je fus désigné pour assurer le service de garde et le surveiller. Je restai donc trois heures debout. Pendant ce temps j'étais allé, en rampant, me rendre compte d'un poste d'écoute établi par nous en avant de nos lignes. Au cours de cette reconnaissance, une fusillade très vive partit tout d'un coup de la droite ennemie. Je crus que les Boches attaquaient. Je m'aplatis comme une galette sur le sol, ne perdant pas de vue la ligne ennemie et peu rassuré, je vous l'assure. J'attendis cependant, me rendant bien compte que les Boches avaient eu plus peur que nous. La fusillade s'était, sans doute, déclanchée parce que quelques sentinelles Boches avaient dû apercevoir une patrouille ou une équipe posant des fils de fer. Quoiqu'il en soit, les Boches crurent qu'on voulait les attaquer, car ils commencèrent un tir de barrage intense qui, heureusement, ne dura pas. Une fois l'incident passé, je fis demi-tour vers la tranchée et allai me reposer. J'étais tellement fatigué que, malgré l'exiguité de mon trou, qui m'obligeait à me coucher ratatiné et replié, je dormis jusqu'au jour et, bien qu'ayant encore sommeil, les douleurs provoquées par ma position excentrique me forcèrent à me lever. Je voulus me faire une idée de nos nouvelles positions, du terrain récemment conquis et de l'effort donné. C'était bien le terrain au lendemain d'une grande bataille. Terrain dévasté et morne, secoué par le grand fracas du combat, terrain, hélas! de deuil et de larmes où des centaines de camarades, non encore relevés, ont dit adieu à la vie. Quelle tristesse poignante n'engendre pas pareil spectacle! Combien la guerre est chose horrible, mais profonde et pleine de mystère, pour que Dieu permette le sacrifice de tant de vies! Non loin, derrière moi, un petit nègre semble dormir la face vers le ciel; sa bouche, à demi ouverte, laisse entrevoir des dents d'une blancheur d'albâtre; dans ses yeux pleins d'une douceur angélique on semble avoir la vision du ciel. Plus en avant, un Boche, lui aussi, paraît tout jeune; il est imberbe, d'un blond très pâle, ses grands yeux bleus largement ouverts. Combien d'autres sont ainsi! Ces sujets sont bien tristes pour faire l'objet d'une lettre. Mais par moments, n'est-ce pas, ma chère maman, qu'il faut y penser pour faire monter plus ardente vers Dieu et la Vierge des supplications et des actions de grâces? Si les nuits sont fraîches le temps est très beau, c'est un énorme avantage. Les Boches ne tirent pas un coup de fusil et semblent travailler avec grande activité. Par contre le duel entre les deux artilleries est intense et les reconnaissances d'avions, multiples. Pour le moment, nous ne recevons que les éclaboussures des obus qui éclatent en avant et derrière nous ; les Boches n'ont pu encore commencer à faire usage de crapouillots et torpilles. Cependant les jours commencent à se faire courts et la vie dans la tranchée devient de plus en plus maussade. Nous conservons, malgré tout, notre confiance.

Je vous embrasse bien tendrement, ma chère maman, ainsi que papa, tante Marie et Marie.

Votre fils affectionné.

Le 30 octobre 1915.

MA CHÈRE MAMAN,

Nous sommes toujours au repos à Belle-Fontaine et je crois que notre repos sera, cette fois-ci, un peu plus long. Durant plus de quarante jours nous avons agi, en Champagne, continuellement sur la brèche. Aussi sentons-nous le besoin de nous refaire et nous serions enchantés si on nous en donnait le temps, d'autant plus que, pour mon compte, je me trouve dans un lieu charmant que je connais déjà et où je trouve un réel bien-être. Je peux en profiter tout à mon aise car nos chefs, tout en prenant les mesures qu'impose le maintien de la discipline, nous laissent une grande latitude d'allures. Hier seulement nous avons eu prise d'armes en vue de la remise de la Croix d'officier de la Légion d'honneur au lieutenant-colonel, commandant le régiment. A cette occasion le régiment, ou plutôt ce qui en reste, a superbement défilé devant le général. Par la même occasion, un ordre provenant du Quartier Général du XXme Corps, adressait les plus vives félicitations au 76me qui, durant son séjour en Champagne, a su montrer un courage, une ardeur au travail, dignes des plus grands éloges. Le XXme Corps n'oubliera jamais l'appui efficace que lui a prêté en des heures difficiles le 76me, en particulier lors des récents combats de Courtine, autour de la butte du Mesnil. Je crois que tous mes camarades ont été, comme moi, très fiers de cet éloge adressé au corps auquel nous appartenons. Je suis persuadé que nous ferons tous nos efforts pour conserver la réputation qui nous est faite. Ma joie suprême, celle à laquelle parfois je rêve, c'est d'être au nombre de ceux qui, au jour tant désiré de la victoire, défileront, musique en tête, sous l'Arc-de-Triomphe, tout le long des Champs-Elysées. Ce jour-là vous serez de la fête, car pareille fête vaudra bien le voyage de Paris.

Mais mon imagination est bien vagabonde et, pour l'heure, nous sommes toujours sous l'emprise de la réalité la plus dure et tourmentés par la perspective d'un hiver dans la tranchée, du froid et des souffrances que pareille situation entraînera. Je conserve cependant toujours grande confiance. Je suis persuadé que le Bon Dieu et la sainte Vierge qui jamais encore ne m'ont abandonné, continueront à m'assurer leur puissante protection. Pour l'instant, malgré le temps excessivement maussade, la pluie, la boue, nous ne sommes pas malheureux. Nous vivons au jour le jour sans vouloir songer à ce qu'on fera le lendemain. Je suis vraiment très bien chez ma brave ménagère. J'y suis avec deux camarades, garçons de bonne éducation, ce qui est très agréable. Peut-être l'instruction serait-elle moins développée ; mais du moment qu'il m'est permis de causer et de manger avec des jeunes gens qui savent bien se tenir, c'est une grande satisfaction. Nous faisons d'excellents repas : Hier, soupe à l'oignon, lapin, nouilles cuites dans de l'excellent beurre, enfin bonne confiture de ménage. Ce matin, on nous prépare des côtelettes de mouton aux pommes frites ! Il me semble que je mange rue de la Campane. Après le repas, on prend plaisir à voir pétiller, dans la cheminée, un superbe feu de bois et chacun cherche à faire, dans les plis de sa capote, provision d'un peu de cette bonne chaleur pour le prochain séjour en tranchée.

Vous recevrez, si ce n'est déjà fait, un petit paquet contenant des lettres que je renvoie. Dans ces lettres vous distinguerez celles de Mme Rabot. Elles sont facilement reconnaissables, soit par l'écriture, soit par l'entête portant : « Société de Géographie ». Vous pourrez les parcourir, ainsi vous jugerez du degré d'affection qu'elle nous porte. Parmi ces lettres, vous distinguerez deux cartes : l'une portant le médaillon du général Joffre, l'autre ayant la médaille de Notre-Dame des Victoires, appliquée sur un ruban tricolore. Je n'ai pas voulu conserver cette dernière carte sur ma poitrine, comme paraissait être le désir de Mme Rabot, j'ai craint qu'elle ne s'abîmât. Je désirerais, cependant, ma chère maman, que vous la placiez sur l'étagère de votre chambre et que, chaque matin, dans une pensée commune pour Edouard, nos camarades et moi, vous répétiez l'invocation gravée sur la médaille. J'ai commandé à un homme de la première section, qui se dit graveur rue Faubourg-Saint-Honoré, une bague en aluminium boche pour Mme Rabot. J'ai mis, comme condition de ma commande, la simplicité et le bon goût. Je lui ai, en même temps, commandé pour M. Rabot un petit coupe-papier exécuté avec une cartouche française et un étui de cartouche boche.

Je vous embrasse bien tendrement, ma chère maman, ainsi que papa, Marie, tante Marie, Anne et les petits.

Votre fils affectionné.

Le 12 novembre 1915.

Mon cher Papa,

Je viens vous annoncer une nouvelle qui lorsqu'elle m'a été communiquée m'a littéralement renversé. Je viens d'ailleurs de la recevoir, elle m'a rendu tout tremblant, je m'y attendais si peu. Dans mon lieu de réclusion, où je coule toujours de mélancoliques journées une note m'a été apportée. Elle contenait à mon nom... l'octroi de la distinction de la Croix de guerre avec citation à l'ordre du régiment. Je copie textuellement l'ordre du régiment n° 41 : « Boyer Joseph, matricule 05949, soldat à la 2me compagnie, a commandé avec succès, à proximité de l'ennemi, une patrouille qui a rapporté des renseignements précieux. » Vous n'avez qu'à vous reporter aux lettres que je vous écrivais dans la première quinzaine d'octobre pour vous rappeler les motifs qui ont appelé cette citation. Commandé une nuit, tandis que le régiment occupait les positions de Maison-de-Champagne, pour me rendre compte des positions ennemies, j'ai fait ce que l'on me demandait tout comme j'aurais accompli un autre ordre, remettant le lendemain matin mon rapport au commandant de la compagnie sans penser le moins du monde qu'au bout de cette mission se trouvait la Croix de guerre. J'ai eu de la chance, voilà tout, et avant tout j'ai bénéficié de la protection que le Bon Dieu et la sainte Vierge ne cessent de m'octroyer et pour laquelle je ne saurai jamais trop leur exprimer ma reconnaissance infinie. Quoiqu'il en soit, je suis certain que cette nouvelle vous causera une joie réelle; et soyez-en tout à fait assuré, mon cher papa, la satisfaction que j'éprouve à savoir que je vais vous faire plaisir est plus grande que la joie que me cause ma citation....

Le 25 novembre 1915.

MON CHER PAPA,

... Hier mon commandant de compagnie m'a fait l'offre de me faire désigner par le colonel pour aller faire un stage de quatre à cinq mois à Saint-Cyr, afin d'obtenir les galons d'aspirant. Ç'aurait été pour vous et pour maman un grand repos moral que de me sentir à l'abri pendant ces mois d'hiver. Je vous assure que la proposition qui m'a été faite, de passer presque un semestre si près de Paris sans plus songer au froid et à la mitraille, proposition qui selon l'esprit de la décision devait être faite aux sous-officiers les plus méritants, m'a vivement tenté. Mais j'ai préféré dire non. Tout mon avancement je l'ai eu sur le front; s'il m'est permis d'arriver à l'épaulette, je ne veux l'obtenir que face à l'ennemi dans la boue et la glace des tranchées, et ne pas abandonner mes camarades qui ici, je vous le jure mon cher papa, sont de véritables héros de l'époque romaine, devant la bonne mine qu'ils font à la souffrance. Le Bon Dieu m'a si bien protégé jusqu'à présent que je ne puis émettre aucun doute sur la continuation de cette sauvegarde divine au cours de cette campagne d'hiver. Dites-moi, mon cher papa, si ma décision est juste et si vous m'approuvez; mais je crois qu'étant entré en campagne suivant certains principes bien arrêtés chez moi, je dois durant tout le cours des hostilités les conserver intacts.

Je vous embrasse bien tendrement, mon cher papa, ainsi que maman, Marie, tante Marie et les petits.

Votre fils affectionné.

Le 1er janvier 1916.

MON CHER PAPA,

Je profite d'un peu de temps que me laisse le 1er janvier pour vous mettre au courant de ma nouvelle situation. J'ai été désigné, par la Décision, pour suivre le peloton des élèves officiers de la IIIme Armée sans que j'en aie marqué, un seul moment, le désir. C'est un beau matin que, mon chef de section m'ayant fait connaître l'ordre paru, je dus préparer mon baluchon et me rendre, à pattes d'abord, puis par le chemin de fer meusien, à Condé-en-Barrois. Là, je trouvai tous les régiments de la IIIme Armée, représentés par un, deux, trois sous-officiers au maximum. Aussitôt notre instruction fut entreprise, sous la direction d'officiers distingués, à tous les points de vue, ainsi que je vous en faisais part dans ma dernière lettre. Le lieutenant-colonel du 144me commande le peloton, puis un capitaine du 1er étrangers, un lieutenant, trois sous-lieutenants. Parmi ces derniers deux jeunes Saint-Cyriens : le lieutenant Bellac et le sous-lieutenant de Missiesy, fils de l'amiral. Chacun de ces officiers a sa spécialité dans l'instruction qui nous est faite et tous s'en acquittent avec un tact et un savoir qu'on ne saurait trop apprécier. Ce sont de vrais officiers tels que tous devraient être, joignant à une attitude parfaitement militaire, une largeur d'esprit et de culture très estimable. Ils nous traitent, d'ailleurs, comme de futurs camarades et font tout ce qu'ils peuvent pour nous procurer le plus de bien-être possible et nous faire oublier les souffrances de la tranchée. Ils sont ennemis de tout travail physique outré, sachant qu'on ne peut pas nous demander, à ce point de vue, de trop grands efforts ; mais ils exigent de nous une discipline de fer, une moralité sans tache, une tenue parfaite. Pour notre capitaine, la propreté et la manière de se présenter paraissent jouer un rôle capital. Il réclame de nous du soin dans notre toilette, de l'élégance tout en évitant la mascarade. Ainsi j'ai pensé que j'avais eu une heureuse idée en me faisant confectionner un uniforme sur mesure. Les brosses à habit et à chaussures fonctionnent maintes fois par jour, car chacun sur les rangs veut rivaliser de propreté. Condé est un bourg agréable et de quelque importance. On y trouve à peu près tout ce qu'on veut, étant donné sa proximité de Bar-le-Duc. Le peloton réside à Génicourt-sous-Condé, faubourg en quelque sorte de Condé. Avec deux camarades j'ai loué, chez une bonne femme du pays, une chambre où nous trouvons une table, des chaises, le feu et la lumière. Cela est bien agréable, essentiel même. Tous les trois nous pouvons venir nous y chauffer, sécher, faire tranquillement notre correspondance et les devoirs qu'on nous donnera. Par ce jour de l'An, triste et pluvieux, je passe toute mon après-midi dans cette chambrette, où j'abats le plus possible de correspondance. Ainsi me voilà à l'abri des balles et des obus pour un mois, et pour un mois d'hiver. C'est un avantage, mais que je n'ai nullement recherché, puisqu'il m'a été procuré, en quelque sorte, sous la forme d'un ordre. Et maintenant, en terminant ma lettre, pourrai-je exprimer un souhait? Si au cours de janvier vous ressentiez le besoin de vous délasser, pourquoi ne viendriez-vous pas me voir un dimanche à Bar-le-Duc? Très certainement mon capitaine m'autoriserait à venir vous y rejoindre, si je lui en expliquais le motif, car tout notre dimanche nous appartient. Maman et Marie se joindraient-elles à vous? C'est un simple vœu que je forme, une idée heureuse qui m'est venue, pensant qu'en qualité d'officier vous pourriez très facilement arriver à Bar et moi venir vous y trouver. Mais en aucune sorte, je ne veux vous influencer et déranger vos projets. Depuis mon départ du 76me, je n'ai rien reçu de vous, ni lettres, ni le colis que vous me prépariez pour le jour de l'An. Bientôt, je l'espère, je recevrai tout cet arriéré de nouvelles.

Je pense que vous m'enverrez les petits objets que je vous demandais dans ma dernière lettre et qui me seront utiles pour mes travaux.

Je vous embrasse bien tendrement, mon cher papa, ainsi que maman, tante Marie et Marie, sans oublier les petits.

Votre fils affectionné.

Le 12 janvier 1916.

Ma chère Marie,

Quelle joie profonde j'ai ressentie en apprenant cette nouvelle si inattendue pour tous, et au sujet de laquelle nous n'osions plus espérer, celle qui nous a appris que Charlot était retrouvé et que, parmi nous, il reviendrait. Malgré mes occupations, qui me laissent peu de loisirs, j'ai trouvé un moment pour exprimer toute ma joie profonde à la chère tante Cécile et lui dire que la part que je prends à son bonheur est égale à celle que j'avais pour sa douleur. J'ai reçu une lettre bien touchante de Marie-Louise, en réponse à mes souhaits du nouvel an. Dans sa douleur si simple, si renfermée et si héroïque, elle me rappelle la chère tante Anne et, de ce fait, je l'aime encore davantage. Dans sa lettre, elle me dit ces mots qu'on aurait pu placer dans la bouche de sa mère : « ne pouvant plus, désormais, désirer le bonheur pour moi, en ce moment je fais des vœux ardents pour que personne, dans la famille, ne connaisse le chagrin et les souffrances que j'endure depuis seize mois. » Quelle belle charité, quel amour du prochain !

Je désirerais bien faire fonctionner un peu plus souvent mon appareil, mais le temps est et reste abominable. J'aurais pourtant de bien jolies épreuves à prendre ici. Aujourd'hui, dans une manœuvre de cadres faite aux environs de Rembercourt (sept kilomètres nord de Condé), j'ai admiré la magnifique église renaissance de cette localité. Sa toiture a été démolie au cours de la bataille. Rembercourt est le point extrême où, en septembre 1914, s'arrêta le flot boche. J'ai bien regretté que le temps, sombre et pluvieux, m'empêchât d'utiliser mon pocket. Je viens de recevoir mon capuchon et le gâteau que je goûterai demain. La madeleine que tu me promets sera la bienvenue. Tu diras à papa, qu'ayant quitté le régiment depuis trois semaines, j'ignore si au cours du dernier repos, il y a eu une prise d'armes pour la remise des Croix de guerre gagnées en Champagne. Dans tous les cas je n'ai pas encore été décoré officiellement.

As-tu lu dans l'*Echo de Paris*, que les Boches

avaient esquissé une attaque générale à la butte du Mesnil et à Maison-de-Champagne? Les détails de cette attaque m'ont bien intéressé car je connais ces coins-là comme ma poche.

Je t'embrasse bien tendrement, ma chère Marie, ainsi que papa, maman, tante Marie et les tités.

Ton frère affectionné.

Le 23 mars 1916.

MA CHÈRE MAMAN,

... Comme les choses sont parfois bizarres! On est souvent bien renseigné par les petits. Ce matin, conduisant dans les boyaux une corvée, je rencontre l'ordonnance du commandant, avec lequel j'avais peiné à Vauquois comme poilu. Il m'a appelé « mon lieutenant » et m'a dit avoir vu les notes que m'avait données le chef de bataillon. Elles sont telles que je ne puis pas ne pas être nommé. Je suis proposé le premier du bataillon. Tout ce qu'il m'a dit concernant ces notes, je persiste à ne pas le croire, car je suis persuadé n'en pas mériter le quart. Je vous le dis en toute franchise et je serais gêné de me voir attribuer certaines qualités que je suis sûr de ne pas posséder.

Je vous embrasse tous bien tendrement.

Votre fils affectionné.

Le 26 mars 1916.

MON CHER PAPA,

Nous voici revenus au froid après les belles journées de la semaine dernière; espérons que ce sont les derniers mauvais jours avant le beau temps définitif. Si rien d'anormal ne se produit dans mon secteur, je crois que nous en avons encore pour deux jours de tranchée. Le secteur, composé en grande partie de petits postes avancés, devient très nerveux de jour en jour par suite des tentatives nocturnes faites de part et d'autre pour enlever un de ces éléments. Les régiments qui occupent des positions autour de Verdun ont reçu l'ordre de faire des prisonniers pour essayer de dévoiler les intentions de l'ennemi; d'où ces surprises répétées de petits postes. Chaque jour violents bombardements d'un côté comme de l'autre pour venger ceux qui, au cours de la nuit, sont tombés durant ces opérations très délicates. Hier mon commandant de compagnie m'a invité à déjeuner dans sa sape. Il m'a parlé de ma proposition et m'a dit que, le matin même, il avait vu le commandant Sainte-Beuve et lui avait fait part de son désir de me conserver à la compagnie, où il manque deux officiers, au cas où ma proposition serait acceptée. Il lui a parlé très chaudement en ma faveur. Le commandant lui a dit que la plupart des nominations qui seraient faites auraient pour but de remplir les vides faits devant Verdun. Néanmoins il a adressé un rapport au colonel exprimant son désir de me conserver au bataillon. Vous pensez que je suis presque confus de voir qu'on s'occupe ainsi de moi. Pour mon compte je laisserai ma destinée s'accomplir. Très heureux si je reste au 76me, où l'esprit est parfait; pas malheureux, non plus, si je me rends devant Verdun. J'ai fait la Champagne cet automne, il ne me déplairait pas de prendre part à la bataille de Verdun. J'ai, en effet, grande confiance et j'ai la ferme conviction que la Providence me protégera jusqu'au bout et partout où j'irai. Mais je verrai avec bonheur finir cette guerre, je retrouverai avec joie Paris et le quai d'Orsay, où j'espère être admis le plus vite possible !

Je vous embrasse bien tendrement, mon cher papa, ainsi que toute la maisonnée.

Votre fils affectionné.

Le 6 avril 1916.

MA CHÈRE MAMAN,

Je reste au 76me et même à ma compagnie, où je remplace un des deux officiers qui manquaient. Je suis enchanté de cette décision, car je pourrai agir au milieu d'un monde que je connais bien. Mon commandant de compagnie est de même enchanté de me garder, ainsi que beaucoup de poilus qui m'ont vu simple soldat comme eux et avec eux prenant ma part des dures corvées de Vauquois, de la Champagne ou des Courtes-Chausses. C'est très réconfortant de sentir l'estime et la confiance de ses subordonnés. L'un d'eux m'a fait cette réflexion : « Nous sommes beaucoup, mon lieutenant, à dire à la compagnie, qu'au moins cette nomination est méritée. » J'ai été très profondément touché par ces simples mots. Le commandant Sainte-Beuve m'a envoyé un mot de félicitation très aimable, me disant qu'il était très heureux de me compter au nombre des cinq nouveaux promus au régiment. Je ne puis vous écrire très longuement aujourd'hui, car d'un côté comme de l'autre on n'est pas très tranquille. Je ne puis vous raconter ce qui se passe ou plutôt ce qui va se passer, mais mon commandement débute dans des conditions assez délicates.

J'espère que ma confiance et vos prières me donneront toutes les forces nécessaires. J'ai reçu hier votre colis. Je vous en remercie bien. Le beurre et le fromage font mon petit déjeuner du matin. Mangeant, maintenant, à la popote des officiers (et je vous assure qu'ils ne se privent pas), je n'ai plus besoin de victuailles, mais je recevrai toujours très volontiers des gourmandises (gâteaux, pâtés), que je mangerai aux repas avec mes camarades. Mon galon ne m'a pas ôté un de mes principaux défauts : la gourmandise. J'ai reçu une très bonne lettre de tante Marie et je l'en remercie bien.

Je vous embrasse tous bien tendrement.

Votre fils affectionné.

Le 13 avril 1916.

MA CHÈRE MARIE,

Chaque jour j'espère voir arriver la lettre de la maison, sur l'envoloppe de laquelle je verrai inscrit « sous-lieutenant Boyer ». Je constate que ma correspondance est de nouveau longue à vous parvenir, tandis que vos lettres m'arrivent dans le temps normal (quatre jours environ). C'est sans doute la reprise de la bataille de Verdun, qui paralyse toutes les voies de l'Argonne, qui est cause de ce retard. Je crois vous avoir dit dans ma dernière lettre que j'avais reçu un mot d'Edouard, de passage à Sainte-Ménéhould. Quel dommage que je ne me sois pas trouvé au repos à ce même moment! Sainte-Ménéhould n'est qu'à huit kilomètres de mon lieu de cantonnement, et à douze kilomètres à vol d'oiseau des lignes que j'occupe. Le cœur m'a battu en pensant qu'Edouard était si près de moi; le lendemain j'ai dit au cycliste qui, presque journellement, se rend à Sainte-Ménéhould, que s'il rencontrait un militaire quelconque portant le n° 306, il l'aborde et lui demande des renseignements sur le sous-lieutenant Boyer. Sa mission a été négative. Je suppose qu'Edouard n'a fait que passer. Je vous ai dit aussi que je suis détaché, avec deux sections de la compagnie qui sont sous mes ordres, dans un ravin ravagé, percé par la mitraille et triste comme le Purgatoire. Il pleut et le vent est froid. Nous formons un peloton de contre-attaque. Ce matin, le commandant dont je dépends est venu m'interroger sur ma mission en cas d'attaque. Tous mes hommes sont enfermés dans des abris superbes qui s'en vont à huit mètres de profondeur, au moins, sous terre, et ne sortent que pour motif de service, car le ravin est balayé par les 105 boches et 88 autrichiens. Moi-même j'ai un abri très bien confectionné, où je couche seul avec mon ordonnance. Quand je pense au temps (il y a juste une année) où à Vauquois je couchais dans la tranchée !

Tu diras à maman que son jambon est délicieux ainsi que le beurre, qui se conserve très frais. Chaque matin j'en fais mon « casse-croûte », comme nous disons ici, et à mes repas je mange une nourriture qui me change bien de l'ordinaire. Ton gâteau est très bien réussi. Il a été déjà fortement entamé par mes camarades, j'ai pu en sauver une partie que je mange à mes desserts. Le canon tonne toujours très violemment à notre droite proche. Ces ruées sont effrayantes et dépassent les imaginations humaines. Faut-il que l'idéal patriotique soit encore tenace chez les nations, et à ce point indispensable pour la vie des sociétés, pour qu'à notre époque de culture si fine, si développée on en arrive à ces carnages épouvantables ! Je suis avec un très vif intérêt les phases de la bataille de Verdun (côté ouest de la Meuse), car les principaux coups de bêlier que tentent les Boches se font exactement à l'endroit que j'occupais l'an dernier, lorsque je me trouvais au 58me. Sur les photographies ou schémas que donnent les journaux, je reconnais jusqu'aux plus petits chemins que nous prenions; je me rappelle avoir remué la pelle et la pioche au pied du Mort-Homme, où je fis des tranchées de résistance ! Comme tout cela doit être maintenant bouleversé ! Ce que tu me dis sur l'intérêt qui conduit les actions de chacun, sur l'égoïsme, est inhérent à notre nature. Ici le danger nous a tous faits frères. Dans cette ambiance constante du péril nous n'avons pas le temps de solliciter le génie malfaisant ; nous pensons, raisonnons, voulons et sentons franchement, simplement. Il suffirait à n'importe qui de venir au milieu de nous quelques instants, de jeter un seul regard sur ce que nous voyons pour le mettre à l'unisson de notre pensée et de nos sentiments. De même pour nous, si nous retournions à l'arrière nous nous retrouverions avec nos vices, nos défauts coutumiers, sollicités par mille tentations qu'ici nous n'avons pas.

Je t'embrasse bien tendrement, ma chère Marie, ainsi que papa, maman, tante Marie, Anne et les tités.

Ton frère affectionné.

Tu penses à mes photos ? Je viens de recevoir une charmante lettre de M. et Mme Rabot.

Le 5 mai 1916.

Mon cher Papa,

Me voici au repos, ou plutôt au demi-repos, car nous cantonnons dans les bois, dans d'admirables forêts, et tout en assurant la confection des travaux d'accès aux lignes, nous sommes considérés comme troupe de contre-attaque, prête à intervenir à la moindre alerte. Le temps continue à rester magnifique, et pour cette raison notre nouveau cantonnement n'est pas déplaisant. Je dis nouveau, car j'ose à peine vous le dire, tellement la censure est stricte, et avec juste raison, nous avons pris des positions plus à droite. J'ai, non loin de mon abri, une vue splendide, unique : j'embrasse presque la totalité du front de l'Argonne. Cette après-midi, avec des camarades, nous sommes allés faire une promenade très intéressante : du haut d'un plateau déboisé en partie, et naturellement clairsemé de trous de marmites, j'ai découvert tout le front de l'Argonne en lutte. Je vous le répète, c'était grandiose, féerique. Le Four-de-Paris, la Haute-Chevauchée (que je viens de quitter), le Bolante, Vauquois — de si lugubre mémoire — Cheppy, Malencourt, Arrocourt présentaient à mon regard le grand cercle de feu et de fer contre lequel, voici bientôt deux ans, on s'obstine et on s'use; par delà, à travers les trouées des mamelons boisés, dans la brume de la vallée de l'Aire et de celle de La Forge, dans l'horizon bleuté du soir d'une chaude journée, la terre française occupée par les

Boches. Que d'idées ont agité mon âme et pour vous les exprimer je voudrais avoir le temps et l'habileté. Mais, surtout, j'ai pensé à Edouard. Du haut de mon observatoire tout me paraissait en raccourci; dans cet immense panorama que mon regard embrassait, je pensais qu'il se trouvait certainement là, devant moi, dans quelque repli d'un vallonnement, dans quelque village ruiné, anéanti, et comme pour chercher un point de contact avec lui, je me disais que telle ou telle saucisse aérienne qui s'élevait lourdement dans le ciel pour observer les mouvements de l'ennemie, il la voyait et moi aussi. Certainement que la Providence nous rapprochera encore davantage jusqu'au revoir désiré.

Maman me décrit les péripéties d'Edouard au Mort-Homme; elles ont réveillé en moi la vision des attaques de Saint-Thomas et de la Main-de-Massiges. Nous saurons tous deux ce qu'est une charge à la baïonnette, le long des pentes, sous des rafales d'artillerie; nous aurons gravé dans notre mémoire le spectacle des boucheries (il n'y a pas d'autre nom), que représentent nos champs de bataille modernes. Notre reconnaissance mutuelle se portera aussi vers le Bon Dieu qui nous aura épargné de si grands périls. Je compte toujours sur ma permission prochaine, tout en tremblant de la voir supprimer. Ce qui me donne confiance, c'est qu'elles ont été rétablies dans mon armée, même pour les troupes stationnées devant Verdun. Je compte m'arrêter, à l'aller, un jour à Paris, pour régler des questions d'équipement. Pour le retour, je compte aussi m'y arrêter, et si vous m'accompagnez, ce sera au moins quarante-huit heures que nous y passerons ensemble. Il faut profiter de la vie, elle tient à si peu de chose, maintenant.... Je pense recevoir bientôt les rouleaux photos, car ici j'ai des vues merveilleuses à prendre.

Je vous embrasse bien tendrement, mon cher papa, ainsi que toute la famille.

Votre fils affectionné.

Le 11 mai 1916.

MA CHÈRE MAMAN,

La nouvelle de la naissance de ma filleule m'a causé la plus grande joie, heureux comme tout d'être le parrain d'une fille, et enchanté aussi de voir Anne heureuse. Le bonheur serait parfait si je pouvais me rendre à Avignon et tenir cette chère petite devant les fonts baptismaux; ce serait un si simple, si touchant spectacle qui me reposerait de tout ce dont ici je suis le témoin et l'acteur forcé. Je suis cependant très indécis encore sur la date de ma permission, certainement je pourrai l'obtenir à brève échéance, mais tout est ici tellement relatif que je préfère ne pas penser à ma permission pour ne pas avoir de désillusions. Notre Argonne devient très nerveuse; il ne s'agit pas d'actions générales à grandes portées, mais de coups de mains souvent répétés par endroits différents. Il s'agit de prendre un entonnoir, une tranchée qui donnent des vues sur un ravin; ces bases d'observation ou d'attaque, ni nous ni les Boches ne veulent les laisser aux uns ou aux autres, d'où luttes constantes et, hélas, très meurtrières. Par trois fois, hier, les Boches sont sortis de leurs tranchées, ce n'était pas très gai. Mais cette vie vous rend très fataliste; au contact constant avec l'ennemi on fait son devoir sans songer aux beaux côtés de l'existence, on ne pense plus à l'arrière, et l'on se figure né pour se battre dans les boyaux, parmi les pierres et les arbres déchiquetés, et l'on se dit que c'est là, un jour ou l'autre, que l'on finira de vivre. Cependant sentant ma permission approcher, je commence à revivre la vie de l'arrière, de celle qui se passe par delà tous les ravins dénudés d'abord, boisés ensuite. Je pense surtout à la joie que j'aurai de revoir Paris, de sentir l'odeur si caractéristique des boulevards, de parcourir le quartier Latin, de me rendre, une fois au moins, au théâtre.

Je vous embrasse bien tendrement, ma chère maman, ainsi que papa, Marie et tout le Grand-Paradis.

Votre fils affectionné.

Le 2 juin 1916.

MA BIEN CHÈRE MAMAN,

Suis de tout cœur avec vous et réagis malgré le bouleversement dans lequel cette nouvelle m'a jeté. Grâce au *grand et bon cœur* de mon commandant de compagnie, qui m'aime beaucoup, je pars tout de suite pour Vadelaincourt embrasser Edouard, s'il n'est encore parti. Je verrai le médecin.

Baisers.

Le 4 juin 1916.

MON CHER PAPA,

Mon commandant de compagnie qui est un garçon d'*un cœur rare,* sitôt que je lui ai fait part de la nouvelle qui m'attriste tant, a, des lignes où nous nous trouvions et sans que je le lui demande, envoyé un message au commandant Sainte-Beuve, afin qu'il insistât auprès du colonel pour me faire obtenir une permission pour Vadelaincourt. Tous mes chefs, à commencer par mon commandant de compagnie jusqu'au colonel, ont été, en la circonstance, d'une obligeance parfaite ; malgré que la compagnie occupât les premières lignes, j'obtenais hier, une permission de trois jours, pour aller embrasser le brave Edouard et lui tenir compagnie. Ce matin, j'allais au siège de la D. I. ; je prenais l'auto qui fait liaison entre la D. I, et le C. A. Au C. A. je demandais immédiatement l'autorisation d'avoir une entrevue avec le colonel Mourier. Il était en permission ; pas de chance. Je me recommandais de lui, parlant même de vous en tant qu'officier d'E. M. à seule fin que le C. A. me fournît une auto pour me rendre à Vadelaincourt, distant de douze kilomètres à peine. Ma prière fut écoutée et exaucée, j'eus le grand bonheur de voir une superbe auto mise à ma disposition, et à toute allure je filais sur Vadelaincourt. En approchant de cette localité que je traversai en février 1915, sac au dos et m'acheminant vers Malancourt, le cœur me battit très fort. Je revis toutes les heures douloureuses de cette longue guerre. L'auto stoppa devant l'ambulance, je rentrai dans le pavillon des officiers ; un infirmier appela : lieutenant Boyer ! Personne ne répondit ; j'étais très profondément ému. L'infirmier qui avait soigné Edouard m'apprit qu'il était parti la veille vers Bar et Paris ; je fus très peiné d'avoir manqué Edouard de si peu, heureux cependant de le savoir parti, car cette évacuation vers l'intérieur prouvait qu'il était hors de danger. Je me suis fait tout raconter par cet excellent infirmier ; j'ai reçu ses paroles avec une tendresse infinie et une fierté qui me fit tenir très droit ; j'appris tous les détails tristes et réconfortants ; je sus qu'il y a deux jours vous étiez là ; qu'Edouard désormais porterait, sur sa poitrine, la Légion d'honneur ; comme j'ai été fier, content jusqu'aux larmes d'apprendre ça ! il m'a été rapporté qu'il a supporté son amputation avec un courage de romain. Quel bel exemple il me donne et comme il m'a bien appris à savoir me comporter, si un jour il me faut rassembler toutes mes énergies, si telle est la volonté de Dieu. J'aimais bien Edouard, mais maintenant comme je vais l'aimer encore davantage ! et pour lui prouver cette affection, si forte, je désire que le Bon Dieu m'offre bientôt l'occasion de le venger. Ce soir, je suis à Sainte-Ménéhould où, grâce à l'amabilité des officiers du C. A., j'ai pu rapidement arriver ; demain matin, je vais rejoindre mon régiment en ligne. Peut-être pourriez-vous envoyer un mot au colonel Mourier pour lui demander d'être l'interprète auprès de ses camarades du C. A., de votre reconnaissance et de vos remerciements pour m'avoir si grandement facilité le trajet de Vadelaincourt.

Bons baisers à maman, Marie, à toute la famille.

Votre fils affectionné.

Très souvent des nouvelles d'Edouard et son adresse.

Le 6 juin 1916.

Ma chère Maman,

Combien je voudrais être avec vous maintenant et auprès d'Edouard. Il est si digne, si stoïque dans son épreuve que, je crois, il trouve, dans sa belle âme, les moyens nécessaires pour résister au découragement. Tout de même, j'aurais été bien heureux de le rencontrer à Vadelaincourt, avant son départ; je ne l'ai manqué que de quelques heures; ç'a été pour moi une grande désillusion de ne point pouvoir l'embrasser. Mais j'ai longuement posé les yeux sur le petit lit de camp que naguère encore il occupait, et me suis fait donner tous les détails par l'infirmier qui l'a soigné. J'ai fait à papa le récit de mon voyage à Vadelaincourt qui, grâce à l'amabilité des officiers D. I. et surtout C. A. (je me suis recommandé du colonel Mourier) s'est effectué dans des conditions de commodité et de rapidité auxquelles je n'osais songer. Je suis surtout très reconnaissant à mon commandant de compagnie qui lui-même, malgré que ma section se trouve en première ligne, m'a proposé d'aller voir Edouard et par téléphone a insisté auprès du chef de bataillon et du colonel pour me faire avoir ma permission. Je lui suis très reconnaissant de cette preuve de franche et profonde amitié. Vous avez eu, avec notre cher Edouard, cette entrevue que, sûrement, vous avez redoutée et que pourtant vous désiriez tant. Mais comme vous me l'écrivez, le courage héroïque de mon cher frère, aura suffi pour vous raidir dans la douleur et pour accepter cette si rude épreuve que la volonté de Dieu nous impose. Constamment je pense à Edouard et me demande encore s'il s'agit d'un cauchemar; et pourtant la réalité est là, il faut s'y habituer, et l'accepter, nous en aurons tous le courage. Mais surtout, chacun dans notre place, nous nous efforcerons de rendre à Edouard, la vie aussi agréable que possible. Quant à moi, un seul devoir impérieux m'est maintenant tracé : le venger et lui prouver ainsi ma poignante affection. Durant mon absence des lignes, une affaire a eu lieu, à laquelle ma section a directement participé. Le Bon Dieu n'a pas voulu que j'y assiste, puisqu'elle s'est passée le jour même où je me trouvais à Vadelaincourt. C'est mon remplaçant, qui très dignement, a dirigé le combat. Mes pauvres poilus ont été bien touchés, ma section a été tellement réduite (onze hommes) que je viens, en descendant en réserve, de recevoir un renfort. Ce sont tous de petits Bretons de la classe 16. Ils paraissent tous être de braves petits.

Je vous embrasse bien tendrement, ma chère maman, ainsi que Marie, papa. Embrassez bien fort Edouard.

Votre fils affectionné.

Bons souvenirs aux Rabot, que vous verrez certainement. Ecrivez-moi souvent avec beaucoup de détails.

Le 16 juin 1916.

MON CHER EDOUARD,

Je reçois la lettre de papa, qui me donne ton adresse exacte. Je remonte dans quelques heures en ligne, mais je ne veux pas quitter le repos, sans te dire, mon bien cher Edouard, toute mon infinie affection, mon admiration, ma fierté. Tu es désormais le joyau de la famille, et ta glorieuse blessure, reçue devant

Verdun, en même temps qu'elle sera l'expression la plus pure et la plus éclatante de l'héroïsme de tous nos braves fantassins, qui offrent leurs poitrines comme rempart à l'assaut sans cesse répété par l'ennemi, prouvera aux jeunes de la famille et à ceux qui viendront après eux, que nous avons su faire notre devoir jusqu'au bout, et qu'on ne pourra rien nous reprocher, bien au contraire. Mon bien cher Edouard, en t'écrivant je suis très ému, je voudrais t'exprimer très simplement tout ce que mon cœur ressent de compassion pour toi, d'admiration pour ton héroïsme que ta glorieuse mutilation a sanctifié, je voudrais te dire que jamais encore je n'ai autant ressenti l'affection fraternelle que depuis que je sais que mon jeune frère a tant souffert ; et que, dans sa douleur, et son esprit de sacrifice, il a surpassé l'éducation si forte que nous devons à nos chers parents. Tous ces sentiments sont si violents et si complexes en moi que je ne trouve aucun mot pour les exprimer. Un seul baiser, un seul regard, une poignée de main pourraient seuls te dire mon état d'âme présent ; je souhaite que le Bon Dieu nous ménage bientôt un revoir si ardemment désiré.

Comme je le répétais à la famille, ta blessure m'a transformé. Elle a ôté en moi cette appréhension constante que j'avais de me voir mutilé par la mitraille; désormais, je suis disposé à subir tout ce qu'il plaira à Dieu de m'envoyer; je te vengerai, mon bien cher Edouard, et si Dieu veut que la rançon de cette vengeance soit la douleur et le sacrifice, j'essaierai alors dans la souffrance d'être ton égal. Tu es encore très jeune, ton héroïsme ne peut être stérile; il fécondera la suite de tes jours, tu peux être certain d'un bel avenir. Si Dieu me prête vie, inlassablement tu pourras compter sur mon appui et ma plus tendre affection.

Je t'embrasse bien tendrement ainsi que papa, maman et Marie.

Mon très affectueux souvenir aux chers Rabot.

Ton frère affectionné.

Le 30 juin 1916.

MA CHÈRE MAMAN,

Je n'ai fait qu'un jour et demi de tranchée depuis mon retour d'Eclaron; mon bataillon est descendu le matin des lignes pour aller au repos. J'ai pu très facilement, en fin de mon stage, passer quarante-huit heures à Paris. Je ne vous répéterai pas toute la joie et toute l'émotion que j'ai ressenties en revoyant Edouard.

Quel brave petit! et tout ce que je pourrais vous dire et vous redire sur lui ne serait que la très terne expression de tous mes sentiments, de mon admiration à son égard. Je vous répéterai seulement qu'il est d'une résignation en tout point surprenante, il n'a rien perdu de sa gaîté, de son entrain, des côtés quelque peu enfantins de son caractère. On a vécu ensemble des heures inoubliables pour moi, à Paris. Tandis que tous deux nous nous promenions, à l'entendre causer, je me demandais si véritablement il avait été si cruellement frappé, et je m'étonnais, en le regardant très ému, de sa force de caractère, de son énergie admirable dans l'épreuve. Physiquement, sa blessure ne le dépare pas. Il n'a rien perdu de sa sveltesse, de sa souplesse. Son corps reste robuste et sain. Ses traits sont reposés, son teint est mat; sur sa poitrine la Légion d'honneur, symbole de son embellissement moral, fait l'admiration de ceux qui l'accompagnent et de tous les passants.

Quelle gloire pour nous tous, ma chère maman, malgré un chagrin très profond dont nous ne pouvons cependant nous débarrasser, et combien dans notre douleur ne devons-nous pas rendre grâce au Bon Dieu, qui a su donner à Edouard tant de force d'âme, une si brillante confiance dans l'avenir! A mon retour au corps, un paquet de lettres m'attendait. J'ai passé un long moment à les lire. On m'a remis un paquet contenant du chocolat ainsi que l'anthologie des poètes français que vous me disiez cependant n'avoir pas trouvé, mais le couvre-képi kaki que vous m'annonciez n'était pas contenu dans le colis.

Marie m'annonce des rouleaux de pellicules photographiques et des friandises qui sont toujours agréables pour agrémenter les desserts de la popote. Incessamment je vais vous envoyer un paquet de lettres et des rouleaux de pellicules. Anne a dû vous écrire que j'avais profité d'un départ en permission d'un de mes petits bleus, pour Aubenas, pour lui faire porter directement de mes nouvelles. Il est retourné aujourd'hui à la compagnie et m'a rapporté le souvenir de tous les habitants du Pigeonnier. Mme Dubout lui avait préparé un petit paquet.

Je vous embrasse bien tendrement, ma chère maman, ainsi que papa, Marie et tante Marie.

Votre fils affectionné.

Le 3 juillet 1916.

MON CHER PAPA,

Nous voici à la fin de notre séjour de repos. Très probablement nous regagnons la tranchée cette nuit. La pluie s'est remise à tomber. C'est décidément un été bien mouillé que nous avons et nos tranchées, comme nos sapes, restent constamment empreintes d'humidité. Votre dernière lettre me dit que vous espérez le prochain retour d'Edouard à Avignon. A Paris, les nombreuses et agréables distractions qui varient les journées, lui permettent de moins penser à sa blessure, mais comme vous, j'appréhende un peu son séjour à Avignon. Il faut, je crois, lui éviter à tout prix le manque d'occupations. Il m'a dit qu'il avait l'intention, cet été, avec ses économies, d'aller faire un séjour dans la montagne : il m'a parlé d'Evian. Je ne crois pas qu'il faille contrarier ses désirs, car ainsi, pendant ce temps de repos prolongé, mêlé à de saines distractions, il aura tout loisir pour réfléchir mûrement à son avenir. Il est, d'ailleurs, d'une énergie dont il vient de donner la preuve admirable, et qui certainement l'amènera, malgré tout, à la réalisation d'une existence digne de lui et de son éducation. Il me l'a d'ailleurs répété que, malgré son seul bras, il arriverait toujours à se débrouiller, et que ce n'était pas cela qu'il appréhendait le plus au cours de sa nouvelle existence. Il a conservé une humeur excellente, une volonté très ferme; nous devons souhaiter ardemment que le Bon Dieu les lui conserve, car avec ces armes on peut tout tenter. Quant à moi, je serai toujours aux côtés de mon cher petit frère par le cœur et par les actes.

Le canon tonne sans discontinuer, maintenant, à notre droite et à notre gauche. C'est Verdun qui donne sans relâche et la Champagne qui se réveille et subit le contre-coup des coups de main anglais de la Somme. Nous sommes ainsi encadrés par deux très violents feux, nous tenant sur la défensive, enfoncés dans la guerre de mines, de mortiers et coups de main sur les petits postes qui constituent le principal des premières lignes en Argonne.

Je vous embrasse bien tendrement, mon cher papa, ainsi que maman, Marie et tante Marie.

Votre fils affectionné.

Le 15 juillet 1916.

Ma chère Maman,

Ce matin j'ai reçu trois lettres, l'une de vous, l'autre de Marie, la troisième d'Anne. Toutes sont empreintes de la même joie, du même bonheur de voir papa rappelé au service; toutes expriment le même souhait avec la même ardeur, la même confiance en Dieu, de voir les forces physiques ne pas abandonner papa, pour qu'il puisse, aussi longtemps qu'il le désire, se vouer à la carrière militaire qui fut toute sa vie. C'est un superbe couronnement à cette carrière que le Bon Dieu lui envoie, la récompense de ses souffrances anciennes, comme de celles toutes récentes. Mon cœur unit son allégresse à celle de toute la famille, il bat à l'unisson des vôtres; brièvement, mais tout simplement avec un désir profond qu'Il nous exauce, je demande au Bon Dieu qu'Il fasse durer le bonheur de papa qui est le nôtre à tous.

En écrivant à Anne, ce matin, je lui disais toute la satisfaction que j'éprouvais de voir papa nommé dans un état-major, car outre qu'il se trouvera dans un milieu auquel déjà il est accoutumé et participera à un travail intéressant, il n'aura à supporter, sans transition, aucune fatigue de la première ligne. Je voudrais bien écrire à papa lui-même, mais je ne crois pas recevoir de ses nouvelles avant quelques jours. Cependant j'ai très grande hâte à apprendre ce qu'il advient de lui. De vous je suis resté sans nouvelles pendant deux jours. Ce matin seulement vos lettres me sont arrivées. Elles me manquaient d'autant que ces derniers jours nous avons eu des difficultés avec les Boches et qu'il y a eu des moments pénibles. Des lettres de la famille dans l'intervalle auraient été les bienvenues. Enfin, ce matin j'ai été bien dédommagé. Vous direz à tante Cécile que j'ai été très profondément touché du souvenir tout particulier de Théo. Qu'elle veuille bien lui répondre que ma pensée très souvent se porte vers lui et vers Charlot, surtout lorsque, dominant d'un point culminant, j'aperçois la terre française de l'autre côté des tranchées allemandes. Qu'elle l'assure de toute notre affection exprimée par le désir de sauver la la France en les sauvant, et par le sacrifice que nous faisons de nous-mêmes pour atteindre ce but. La glorieuse blessure d'Edouard parle à ce sujet bien plus éloquemment que je ne pourrais le faire. Nous voici sur le seuil de notre treizième jour en tranchée; je crois que nous ne tarderons pas à aller au repos.

Je vous embrasse bien tendrement, ma chère maman, ainsi que Marie et tante Marie.

Votre fils affectionné.

Le 21 juillet 1916.

Ma chère Maman,

Je remonte en tranchée très probablement la nuit prochaine. Comme ces jours de repos sont vite passés et comme ils sont agréables, surtout lorsque, comme actuellement, on profite de si belles journées. C'était le moment où, en temps de paix, l'on combinait des voyages, où on recherchait les distractions nécessaires aux longs mois de labeur réclamés par les études. C'était le temps où soit en Suisse, soit en Allemagne, je voyageais et c'étaient bien d'agréables et utiles distractions. Souhaitons que ce bon temps revienne bientôt! Chacune de vos lettres m'apporte maintenant une bien triste nouvelle, concernant le sort de camarades : Georges Barnoin, Louis Dupasquier, Jacques Démians ont été tués. L'annonce de ces morts me touche toujours beaucoup, quoique habitué à voir ce qui se passe ici, combien la vie coûte peu, avec quelle générosité on l'offre. Par cette longue et pénible guerre, on s'est fait une morale, celle de l'abnégation et du sacrifice total. Vous pouvez envisager la joie de ceux qui retourneront indemnes, après avoir si souvent frôlé les pires dangers. J'ai bientôt dix-sept mois de guerre, ma chère maman, et jusque là j'ai été protégé, parfois, je puis le dire, miraculeusement. Je ne puis, avec vous et toute la famille, que faire monter à Dieu ma reconnaissance infinie et lui demander de m'accorder son tout-puissant appui jusqu'au bout. J'ai reçu ce matin un mot de papa; il est très occupé, c'est ce qu'il faut. Cet été vous irez certainement passer quelque temps avec lui, il en sera très heureux. J'écris le plus souvent que je peux à Edouard, mais vous qui le faites plus que moi, dites-lui bien que je pense chaque jour à lui.

Je vous embrasse bien tendrement, ma chère maman, ainsi que Marie et tante Marie.

Votre fils affectionné.

Le 24 juillet 1916.

MA CHÈRE MAMAN,

Me voici de nouveau dans ma sape de tranchée. Je suis cette fois-ci en toute première ligne, ma section occupant les petits postes avancés et la ligne des guetteurs. Je pense que durant ce séjour, rien de fâcheux ne se passera, bien que, le temps allant, on ne peut s'éviter les appréhensions, et je compte sur vos bonnes prières pour que Dieu me garde sa protection efficace. Je suis d'ailleurs très content de mes hommes ; ces braves gens qui ont tous assez de la guerre, ronchonnent, mais n'en font pas moins leur devoir intégralement. Constamment sur la brèche, sans cesse au travail et à la peine, ce sont des héros obscurs, et comme tels, les plus dignes d'admiration et de pitié.

Le soleil est superbe et très chaud. Il étincelle sur toutes les tranchées et ouvrages, qui ressortent en blanc sur les crêtes occupées par l'ennemi, tandis que les autres sommets plus éloignés de la ligne de feu dessinent leurs formes, couvertes d'épaisses forêts, sur le bleu ardent du ciel. Ce serait un pays bien charmant que cette Argonne, si la guerre n'y avait fait sentir son empreinte néfaste. Je suis enchanté de savoir qu'Edouard rencontre tant de sollicitudes à Paris. Son courage et sa résignation si belle, lui auront procuré des amitiés profondes. Comment ne pas se sentir pris d'affection infinie à son égard, lorsqu'on a la joie et la consolation de le voir tel qu'il m'est apparu à Paris, il y a quelques semaines. Il va vous arriver bientôt, et sans doute aurez-vous la satisfaction de passer avec lui quelques agréables semaines en voyage. Papa, paraît satisfait de son nouveau sort. Il a de nombreuses occupations. Il s'est retrempé dans sa vie d'antan ; nous ne pouvons qu'en rendre grâces à Dieu.

A ma dernière permission, j'avais laissé sur la petite table ronde du salon deux livres brochés avec couverture rouge, l'un traitant de politique extérieure, l'autre de finance, je crois. Si vous les retrouviez, pourriez-vous m'en faire parvenir un ? Les romans ne m'intéressent plus, et je préfère, lorsque j'ai l'esprit calme et que je suis au repos, lire des volumes plus instructifs.

Je vous embrasse bien tendrement, ma chère maman, ainsi que Marie et tante Marie.

Votre fils affectionné.

Le 27 juillet 1916.

MON CHER PAPA,

Je vous écris ces lignes après deux jours d'agitation bien fébrile en tranchée. Nous avons déjà eu deux mines; constamment alertés, nous avons pris nos dispositions de combat pour parer à toute surprise, d'autant que les Boches étaient très nerveux, nous lançaient des pierres, nous insultaient et criaient en excellent français : « bande de s..., de c... vous ne perdez rien pour attendre ! » Comme je me trouve avec ma section en toute première ligne, occupant les petits postes et la tranchée des guetteurs, je ne suis pas sans inquiétude, ayant l'esprit toujours tendu, et ne pouvant dormir la nuit. La consigne est de reprendre, coûte que coûte, le terrain perdu, aussi je passe de rudes moments qui marqueront dans toute mon existence. Il serait très dur pour les hommes de faire douze jours dans ces conditions; aussi je crois que dans quatre jours je serai relevé par une section de réserve dans la tranchée de résistance et prendrai sa place; mais combien ces journées nous paraissent longues! Je ne vous laisse entrevoir qu'un mouvement de troupes auquel nous allons participer. Mais nous ne pouvons cependant attaquer dans les conditions qui actuellement sont les nôtres; aussi avant de donner à mon corps une orientation nouvelle, j'ai espoir qu'on nous donnera un repos bien gagné. Hier j'ai reçu dans une lettre de Marie deux photos de vous dans votre uniforme d'officier d'état-major. Vous êtes *épatant*, et en vous regardant dans mon gourbi, à la lueur falotte de ma bougie, j'étais très fier de vous et rempli de joie. Je pense qu'à Limoges ça va toujours bien et que vous avez pu vous créer une vie occupée et agréable en même temps. Il m'est impossible, surtout maintenant, de vous écrire à tous ensemble simultanément, d'autant que je ne peux ni ne veux oublier dans ma correspondance notre cher Edouard. Aussi je pense que maman vous envoie mes lettres et que réciproquement maman recevra de vous celles que je vous adresse. Vous-même, mon cher papa, si vous êtes par trop occupé, maman se chargera de me donner de vos nouvelles.

Je vous embrasse bien tendrement, mon cher papa, en vous souhaitant encore, dans ce retour à votre carrière, la meilleure chance.

Votre fils affectionné.

Le 29 juillet 1916.

Ma chère Maman,

Juste un petit mot, car le temps presse. Me voici, depuis six jours, en première ligne et grâce à Dieu tout jusqu'à présent s'est bien passé. Peut-être quelques jours durant, aurez-vous moins souvent de mes nouvelles ; il ne faudra nullement vous en inquiéter. Le Bon Dieu m'a protégé durant cette si rude campagne d'Argonne, durant les attaques de Champagne, il me protégera partout ailleurs, où il me faudra aller. Priez *surtout* pour que je sois à la hauteur de ma tâche, car maintenant je suis officier, j'ai des responsabilités, j'ai charge d'hommes, et c'est très grave quand on y pense. Pour le reste je m'en charge ; Edouard m'a appris comment on supporte la souffrance, je tâcherai de l'imiter, si telle est la volonté de Dieu. Nous allons avoir, je crois, un bon repos.. Continuez à m'écrire aussi régulièrement que par le passé et n'interrompez pas votre courrier. Par Anne, remerciez Paul de sa bonne et si affectueuse lettre ; je saisirai la première occasion pour lui répondre. Marie me promet un bon gâteau fait par elle, je suis certain qu'il sera apprécié à la popote comme la madeleine au chocolat de tante Marie. Au repos je lui ferai un envoi de nouveaux rouleaux que j'ai tirés. Je pense recevoir bientôt ceux que je lui ai fait parvenir il y a un mois. Les photos de papa m'ont procuré le plus grand plaisir et la plus ardente fierté.

Je vous embrasse bien tendrement, ma chère maman, ainsi que Marie, tante Marie.

Souvenir affectueux à Anne et à ses enfants. Un bon baiser à M. Claire.

Votre fils affectionné.

Le 15 août 1916.

MA CHÈRE MARIE,

J'ai si peu la notion des jours, et la rapidité avec laquelle ils s'écoulent actuellement pour moi fait que j'oublie, ce qui jamais encore ne m'était arrivé, de souhaiter la fête de papa, maman et d'Anne. Je pense qu'ils ne m'en voudront pas. La date du journal m'a fait penser que c'était aujourd'hui veille de fête, aussi ce soir, après une journée très bien remplie (nous venons de faire cent kilomètres en auto-camion, tu t'imagines si j'ai l'estomac et la tête secoués) je viens t'adresser mes meilleurs souhaits de fête. Dieu fasse que l'année prochaine, enfin, cette fête se passe dans la paix et dans la joie. Je viens de te dire que nous venons d'accomplir cent kilomètres. C'est qu'en effet, aujourd'hui, les cadres de la D. I. ont été présentés au général Gouraud (IVme Armée), duquel nous dépendons maintenant. Nous avons formé cercle autour de ce héros manchot et bancal. Il nous a tous impressionné par son regard profond, sa figure mâle et énergique, par la confiance que sa parole dégage. Il nous a dit le plaisir qu'il avait de revoir l'ancien corps dont il commanda une D. I. au début de la campagne. Il nous a laissé comprendre qu'un bon repos allait nous être accordé et qu'ensuite, il compterait sur tout notre dévouement. Il a su, pour l'avoir lui-même expérimenté, combien il nous a fallu de labeur soutenu et d'endurance pour tenir l'Argonne durant dix-huit mois. Il espère que, sous ses ordres, nos vertus d'offensive égaleront celles de la défensive. Il a parlé de grandes vagues d'assaut auxquelles nous participerions ! Tout cela nous a laissés perplexes et rêveurs, mais décidés cependant à continuer à accomplir jusqu'au bout notre devoir, et pour moi, avec toujours une égale et immuable confiance en Dieu. Quoiqu'il en soit, pour l'instant, nous sommes toujours au camp de Mailly, faisant de nombreux exercices, mais aussi, sauf pour le coucher, nous trouvant dans de bonnes conditions matérielles. Les permissions sont dans des proportions que je n'ai jamais connues encore pour le régiment, à tel point que je me demande si je ne vais pas bientôt avoir la mienne avant l'offensive, pour peu que le repos se prolonge encore. En tout cas, je vais demander, dimanche prochain, vingt-quatre heures pour Paris, à peu près certain de les obtenir. Ton gâteau est excellent, ma chère Marie, et en me régalant tu régales aussi mes camarades. J'écris tantôt à papa, tantôt à vous, n'ayant souvent pas le temps d'écrire à Limoges et à Avignon en même temps; aussi je compte que vous vous faites passer mutuellement mes lettres.

Bons baisers à Edouard. Je t'embrasse bien tendrement, ma chère Marie, ainsi que maman et tante Marie.

Ton frère affectionné.

Le 17 août 1916.

MON CHER EDOUARD,

Il faut que tu m'excuses d'être moins assidu dans ma correspondance avec toi. Depuis bientôt trois semaines, je mène une vie très agitée, faite de marches, d'embarquements, etc.... Me voici, ayant définitivement quitté l'Argonne, au camp de Mailly, voilà bientôt huit jours. Dans le camp sont cantonnés toute une Division de mon C. A. et un important contingent de Russes qui s'accroît, périodiquement, par de nouveaux renforts. Pour l'instant, nous subissons une période d'instruction du G. Q. G. sur les principes d'offensive. Cette instruction une fois terminée, il est probable qu'un repos nous sera octroyé, et ensuite, il est incontestable que, en un point qui n'est pas encore fixé, nous prendrons part aux vagues d'assaut qui, une fois encore, tenteront de libérer notre sol.

Hier tous les cadres du C. d'A. se sont transportés, en auto, au camp de Châlons. Le général Gouraud, commandant la IVme Armée, nous a reçus. Comme toi, il a perdu son bras droit, mais en outre, sa jambe droite doit être fortement abîmée, car il boite beaucoup. Il n'en est pas moins resté très beau général, très svelte, au torse élancé, à la figure fine, au regard d'acier. C'est un homme qui vous fait impression, car il sort du commun. En quelques mots il nous a mis au courant de notre prochaine mission. Nous sommes bons pour l'attaque, ça ne fait aucun doute. Mais où donnerons-nous ? Je l'ignore; avec les Russes, sans doute, car nous sommes instruits en même temps qu'eux. Quoiqu'il en soit, je ne perds pas une minute confiance. Je vis au jour le jour, heureux de profiter du bien-être que donne Mailly et du repos prolongé qui suivra sans doute cette période d'instruction. D'ailleurs, mon cher Edouard, ton exemple est un stimulant pour moi, grâce auquel je préférerai tout endurer plutôt que d'oser faiblir une minute. Il doit te tarder de te retrouver à Avignon et de quitter Paris qui, maintenant, ne doit plus être très agréable. Il est temps qu'avec maman et Marie vous vous plongiez dans les multiples distractions des voyages. L'automne serait mieux employé à passer quelque temps à Limoges. L'inflammation qui se dégage autour de ta blessure n'est rien, je pense; c'est d'ailleurs un fait normal.

Je t'embrasse bien tendrement, mon cher Edouard, en te redisant toujours combien sincèrement et de cœur je pense à toi.

Ton frère affectionné.

Le 21 septembre 1916.

MA CHÈRE MAMAN,

Je ne puis vous en écrire bien long encore, car je me trouve dans un secteur mouvementé, tout nouvellement acquis par nous. Je compte toujours et plus que jamais sur vos bonnes prières. Je vous demanderai de m'envoyer de l'eau de Cologne, des cigarettes, une pile pour lampe électrique, un peu à manger. Edouard pourrait-il m'envoyer son couteau?

Je vous embrasse tous bien tendrement.

Votre fils affectionné.

Le 24 septembre 1916.

MA CHÈRE MAMAN,

Toujours dans le combat et toujours assuré de la protection et de l'aide du Bon Dieu. Demain, nouvelle action et si tout se passe bien, je pourrai espérer dans quelques jours un bon repos. Pensez à m'envoyer ce que je vous demande, quelques provisions, car à ce point de vue, je suis, de par les circonstances, redevenu tout à fait poilu. Des cigarettes, une pile de lampe électrique et eau de Cologne.

Je vous embrasse bien tendrement, ainsi que Marie et Edouard.

Votre fils affectionné.

Le 24 septembre 1916.

MA CHÈRE ANNE,

Je ne puis que t'adresser ces quelques mots d'affection en te demandant toujours tes bonnes prières, celles de Paul et de tes enfants. J'espère, si tout continue à se bien passer, avoir un repos bien mérité dans quelques jours.

Je t'embrasse bien tendrement, ma chère Anne, ainsi que tes enfants. Souvenir au Pigeonnier.

Ton frère affectionné.

Le 26 septembre 1916. (1)

MA CHÈRE MAMAN,

Je viens d'attaquer; une fois encore je me suis tiré d'affaire, et Dieu sait si le danger fut

(1) Lettre écrite par Joseph le jour de sa mort.

grand. Bien du monde est tombé à mes côtés, fauché par les mitrailleuses. Je suis bien impressionné par tout ce que j'ai vu. Mais par-dessus tout, je suis profondément affligé par la mort de mon commandant de compagnie qui, à vingt-et-un ans, allait être promu capitaine. Il provoquait la confiance de ses hommes par son entrain et sa science des choses militaires. Il était aimé de tous parce que l'autorité qu'il possédait était doublée d'un cœur débordant de bonté. Moi-même, je lui devais la double reconnaissance de mon galon de sous-lieutenant et d'avoir permis que je me rendisse à Vadelaincourt, lorsque j'appris la blessure d'Edouard. Je savais qu'il m'aimait beaucoup, et lorsqu'il se trouvait une mission plus délicate à remplir, il me la confiait pour pouvoir ensuite me récompenser. Il possédait un sens des convenances inné, et un grand désir de s'instruire et d'acquérir une culture générale. D'où nos longues et intéressantes conversations. Ayant cette nature, il avait une belle largeur de vues qui lui faisait détester les potins, l'esprit étroit et cancanier dont sur le front même, beaucoup d'officiers ne sont malheureusement pas exempts. Avant-hier, avant l'attaque, nous parcourions le terrain où le lendemain nous devions agir. Des cadavres des récents combats faisaient taches bleues. L'un d'eux avait la tête contre le sol face à l'ennemi. Voilà comme je voudrais être, si je dois mourir ici, me dit-il; le lendemain, il s'élançait à l'assaut et était frappé d'une balle de mitrailleuse en plein cœur. Il est tombé face à l'objectif qui était assigné à sa compagnie. Quand je l'ai aperçu ainsi, je me suis senti comme fou et, tout désemparé, j'ai couru en avant avec trois hommes de ma section qui me restaient. M'étant trop avancé, j'ai dû attendre la nuit dans un trou d'obus pour me replier; un pauvre malheureux qui avait la cuisse ouverte était à côté de moi, me suppliait de le sauver, mais j'étais impuissant! et j'ai dû dans la nuit le laisser. Tout cela est bien triste et m'empêche de participer comme je le voudrais à la joie de mes camarades qui sont sortis indemnes de ce coup dur. Je vous écris bien illisiblement, ma chère maman, mais je suis dans des éléments de tranchées à peine organisés, en terrains nouvellement conquis et en but aux réactions tenaces de l'ennemi. Hier, j'ai eu la grande joie de voir que j'étais aimé de mes hommes, car ils m'ont tous admirablement suivi, mes observateurs ne me lâchant pas d'une semelle et toujours prêts à m'organiser une défense. Malheureusement, ils ne restent plus qu'une quinzaine. Il nous faudra mâter l'ennemi encore quelques jours et après quel bon repos, mais attristé hélas! par la perte de mon commandant de compagnie. Edouard, sans doute, va s'apprêter à partir pour Paris. J'ai déjà songé que si nous allons au repos, c'est aux environs d'Amiens. D'Amiens à Paris, la distance est courte et peut-être pourrions-nous nous rencontrer.

Je vous embrasse bien tendrement, ma chère maman, ainsi que Marie et Edouard.

Votre fils affectionné.

NOTES PRISES SUR LE CARNET DE ROUTE

Notes prises sur le Carnet de Route

Plaise à Dieu que jusqu'au bout je puisse parfaire mon désir. Sinon, que sa volonté soit faite.

S'il m'arrive malheur, que la personne qui recueillera ces quelques notes fasse son possible pour les faire parvenir à mon père et à ma mère. Je lui conserverai de là-haut une infinie reconnaissance.

Malgré la grande incertitude de l'avenir, j'ai embrassé mes parents, plein de confiance pour la France et pour moi-même. L'idée seule que c'est pour la France (méditons un seul instant sur ce mot) que je vais combattre, soutient toute mon ardeur patriotique.

17 février 1915. — Dans l'après-midi, marche d'entraînement. Ce fut un labeur pénible, car le chargement était complet, la route boueuse et accidentée; j'ai mis toute ma bonne volonté à faire cet effort qui nous était demandé. Mais par moments, la fatigue et l'énervement me mettaient une rage mauvaise et jalouse dans l'âme; presque j'allais épouser l'opinion des gens sans culture et sans foi qui m'entouraient. Mais, comme pour me rappeler à la réalité et à la juste notion des choses, sur le bord de la route, je vis une croix; sur son socle était gravée cette inscription, que jamais je ne trouvai plus belle : *O Crux, Ave, spes unica.* Durant le reste du trajet chaque fois que la mauvaise humeur et la colère me revenaient, je me répétais cette parole : *O Crux*.... Ainsi je me calmais et accomplissais mon devoir.

20 février 1915. — Quelques esprits faux prétendent que le régiment est l'école du vice. Moi je leur réponds : non, car par lui on apprend la pratique des plus belles qualités : patience, résignation.

21 février 1915. — Pourquoi n'ai-je pu rencontrer un ami avec lequel, pendant ces moments de répit, j'aurais pu causer de tout ce qui fait et a fait la France (art, littérature, religion, philosophie, etc.?...) De telles conversations, en même temps qu'elles permettent aux heures de s'écouler, ne préparent-elles pas à bien se battre, puisqu'elles entretiennent l'idéal patriotique en raffermissant l'amour pour la France?

26 février 1915. — Il paraît que mon petit Georges aurait dit : « l'oncle Jef parti guerre. *Malheur !* » Serait-ce un avertissement que la Providence aurait mis dans la bouche de cet enfant ? Non, non, ce petit a voulu dire : je n'aurai plus l'oncle Joseph pour m'amuser. Malheur pour moi !...

3 mars 1915. — Mon âme est déjà prête à accepter tout ce qui plaira à Dieu de lui envoyer, et toujours davantage. Je crois que rien de ce qu'on fait avec foi et esprit de sacrifice n'est perdu.

9 mars 1915. — Le vent, la neige ont forcé la volonté des armées. Autrement dit : Dieu dans le secret de sa Volonté inscrutable a imposé une trêve aux belligérants. Dans ce silence impressionnant des armées, l'ouragan se développe dans toutes ses phases fantastiques. Quel pinceau assez vigoureux, quelle âme de poète suffisamment romantique, pourrait en traits réalistes, dépeindre le tableau dont la beauté tragique et grandiose s'étale à mes yeux ?... Le ciel, semblable à l'Océan déchaîné, roulant le flot, sans cesse renouvelé, de nuages noirâtres ; les forêts d'alentour, grinçant sous l'effet du vent glacé qui cingle leur branchage charnu ; les tourbillons de neige, s'abattant sur la terre jaunâtre ; des légions de corbeaux, repus peut-être de chair de héros, s'appesantissant lourdement sur le sol, rompant de leur tache noire la nappe uniformément blanche ; cette ambiance de mort et de désolation qui vous oppresse et qu'on ne peut dissiper, quelles belles pages à ajouter à la « légende des siècles ». Quel cadre ne trouverait pas un Shakespeare, pour un drame nouveau ; un Gœthe, enfin, ne trouverait-il pas ici l'élément précieux pour nous faire revivre le « Roi des Aubes »? Certainement, c'est dans un pareil cadre que se développera la si mélancolique « Niebelungen » allemande.

10 mars 1915. — La neige continue à tomber, je médite sur les tristesses de l'ennui.

22 mars 1915. — Oh ! mon Dieu ! quelle tristesse de partir pour l'inconnu, d'aller se jeter peut-être dans la fournaise au moment où tout revit dans la nature; au moment où les oiseaux, à nouveau, chantent, les prés reverdissent, où une sève renaissante vous emplit le corps et l'âme. Oui, oh ! mon Dieu ! pourquoi à cette heure, où pourtant renaît la vie, la perdre peut-être, s'éteindre et disparaître, alors que tout reparaît à la lumière. Oh ! mon Jésus ! je vous abandonne ma destinée. Donnez-moi toute la confiance nécessaire; que votre sainte Volonté se fasse.

26 mars 1915. — Aujourd'hui Dieu m'a accordé la plus grande des grâces que j'aie reçues de lui jusqu'ici : j'ai pu assister à la messe et faire mes pâques. En compagnie du caporal F***, de mon camarade de combat T***, du caporal infirmier P*** (Frère mariste en résidence au Mexique), j'ai fait, à six heures du matin, l'ascension de la faible colline où se trouve perchée la petite église de Courcelles et son cimetière. C'est dans ce sanctuaire béni, debout au milieu des ruines, que j'ai demandé à Dieu, à la Vierge Marie la force et le courage, à la veille de combattre. J'ai un sentiment tellement net des choses douloureuses dont je vais être prochainement le spectateur ou l'acteur, mon moral a subi une telle dépression depuis que je suis au 76me, du fait des récits terrifiants que me font mes nouveaux camarades, témoins répétés et expérimentés de cette guerre affreuse, j'ai une conscience si marquée de mon inexpérience et de ma faiblesse, que de vagues appréhensions n'ont cessé de rouler dans mon cerveau. Je me sens faible. J'ai prié Dieu pour qu'il me donne, en face du danger, la gaieté de l'enfant, la prudence et la force de l'homme mûr.

28 mars 1915. — Me suis rendu à la messe célébrée dans le vestibule du rez-de-chaussée du château de Courcelles par l'aumônier de la Division. Surpris par le nombre d'hommes présents, j'ai eu ainsi la preuve que si la France fut divisée, ce ne fut que superficiellement et qu'au fond de tout cœur français, quel que soit le sol qui l'ait vu naître ou nourri, il y a un fond égal de foi religieuse et patriotique.

8 avril 1915. — Evidemment la métamorphose d'apprenti diplomate en troupier de la guerre moderne, ne peut pas s'opérer sans heurt, c'est de ces à-coups dont je souffre maintenant. En tout cas jusqu'au bout je supporterai les misères, ayant toujours devant les yeux l'image de mon Dieu crucifié et songeant qu'après la guerre je pourrai me dire fier d'avoir ainsi souffert, car dans l'accomplissement de mon devoir je n'aurai rien eu à me reprocher, d'autant plus que ces souffrances auront eu un caractère purement intime, ignorées de tous ceux qui, durant ces grandes heures, m'auront entouré, car à aucun je n'aurai voulu les communiquer. En tout cas je demande au Bon Dieu deux choses : qu'il accroisse encore ma foi en me faisant toujours mieux comprendre ma religion, et qu'il me tienne toujours le moral bien haut; avec cela je suis sûr de marcher jusqu'au bout sans défaillance aucune.

11 avril 1915. — A neuf heures me suis rendu à l'église d'Autreville, où j'ai assisté à une messe très émotionnante. Sermon par l'aumônier du régiment sur l'*immortalité*. Ce mot, à y bien réfléchir, est notre seule consolation à nous, combattants, comme à nos familles, si jamais nous venons à leur être arrachés.

14 avril 1915. — Troisième journée de travaux au Decauville. L'appréhension que j'avais en commençant ce travail a presque complètement disparu. Voici mes mains rompues au maniement de l'outil; mon corps plus accoutumé aux positions fatigantes, dans ma pelle déjà tient une plus grande quantité de terre, bref, voici que je deviens bon terrassier. Ainsi je constate une fois de plus qu'en faisant tranquillement la besogne qui vous est ordonnée, si pénible soit-elle, avec toute la bonne volonté, toute la confiance nécessaire, et surtout avec la conviction que de tout ce que l'on fait rien n'est perdu et que Dieu vous aide et vous protège, on arrive toujours au bout de sa peine avec un résultat utile. Le résultat de mes efforts présents je l'ignore encore, mais je suis certain qu'un jour il luira à mes yeux.

17 avril 1915. — Le Bavarois qui a donné naissance à Munich la belle, ne saurait avoir en lui l'instinct de sauvagerie orgueilleuse et arrogante du Prussien. Chez l'habitant du Tyrol existe un sentiment très marqué du beau, du délicat, et si peu que ce sentiment berce un peuple, ce peuple ne peut se transformer en horde inhumaine, sanguinaire et destructive de tout ce qui représente la culture (je veux parler des œuvres d'art que les Prussiens ont rasées sans nombre). Peut-être croit-on que je fasse preuve de trop d'indulgence à l'égard de notre ennemi. Je suis avant tout loyal et franc. Ces observations je les ai retirées de mes différents séjours en Allemagne. Je ne fais que mentionner ce que j'ai cru voir et comprendre. Mon amour pour la France éternelle n'en est pas moins incommensurable.

25 avril 1915. — De bon matin je me suis rendu à la petite église de Vraincourt, sanctuaire inimitable de simplicité et dans le calme duquel j'ai trouvé le repos et le bien-être de ceux qui possèdent la foi. Quelle douce émotion, quel sentiment inexprimable d'intimité, que celui de s'agenouiller au pied de l'autel et prier Celui que votre mère vous a appris à aimer et implorer; c'est tout son passé qu'on revit, passé de la tendre enfance, de l'adolescence, et dans cette ressouvenance tout ce qui nous a affligés disparaît, seules apparaissent en relief les heures heureuses et gaies. Telles sont les consolations pleines d'une douce poésie intime que vous donne la religion. N'est-ce point déjà assez? Mon Dieu, je vous le jure, jamais je ne vous oublierai, car avec mon indispensable réconfort, vous serez toujours la source de mes joies du cœur les plus pures.

27 avril 1915. — Le soir, à huit heures, départ du cantonnement, vingt kilomètres, par Parois, le bois du Thiriet (le rendez-vous de chasse), pour parvenir au pied de Vauquois, au point ouest de la barricade qu'on nomme la Maize. Cette marche nocturne fut pour moi l'une de celles dont je conserverai le souvenir le plus douloureux. En pleine crise rhumatismale je fus obligé de franchir cette étape; les douleurs que je ressentais à la jambe influaient sur mon état général et jamais sac et équipement ne me pesèrent davantage; réunissant cependant toutes mes forces, je pus conserver la tête de la colonne, car me mettant à la gauche j'aurais abandonné la partie. Dieu, la sainte Vierge, saint Joseph m'ont donné leur appui; je leur en conserve une reconnaissance profonde.

28 avril 1915. — Journée et nuit de corvée; de une heure à dix-sept heures et demie j'ai fait le bûcheron; de vingt heures à minuit je fus portefaix. Je m'étais fait un idéal bien différent de l'existence du soldat en temps de guerre. Où est le temps des grandes luttes en rase campagne, où armées les troupes s'élançaient en avant? Je trouve en ma foi des forces nouvelles pour supporter de telles fatigues.

1er mai 1915. — Tandis que je suis vautré paresseusement sur la paille, où nichent les poux et s'en perpétuent les générations, mon âme est toute à la tristesse. Je me demande : quand donc verra-t-on la fin de cet affreux cauchemar, quand serons-nous rendus à nos familles, comment dans la suite se poursuivront nos études? Gagnerai-je bientôt ma situation pour laquelle j'ai sacrifié tant d'heures de plaisir, soit à la maison, soit à Paris?... Va-t-il falloir de nouveau assimiler ce que durant plusieurs années consécutives mon intelligence avait patiemment et laborieusement absorbé, alors qu'en ce même mois de mai 1915 le fruit de mon travail était prêt à éclore? Tandis que, aussi, la nature s'embellit des parures du printemps, je songe, le cœur presque brisé, au mois de mai vécu à Paris, à juin passé l'an dernier au Coteau. Tous ces souvenirs, tous ces flots d'idées qui agitent mon cerveau en présence de la lugubre réalité, me font me demander si je suis bien le même être, et si jamais je pourrai revivre mon ancienne existence. Ma foi seule peut me sauver. Je confie tout particulièrement ces jours de mai à la protection de la Vierge Marie, pour laquelle j'ai toujours eu une dévotion particulière.

2 mai 1915. — Hier dans la nuit j'ai peiné et souffert comme jamais encore, je crois, de ma vie; une fois de plus j'ai été victime de mon manque total d'habitude dans l'entreprise de travaux manuels, de mon manque de résistance physique, toujours plus marqué, dû au genre de nourriture, enfin de la faiblesse presque native de mon côté droit. Avant de relever le 31me nous devions transporter de la gitonne du capitaine au Bois-Noir, par une route transformée en fondrière par les obus et par un boyau, à la place d'Armes de Vauquois, des poutres variant entre quinze et vingt centimètres de diamètre et de deux mètres soixante de longueur et des gabions. A quatre, nous transportâmes une de ces énormes poutres, puis un gabion. Epuisé, je ne pus suivre la corvée à travers le boyau; clopin-clopant j'arrivai au point terminus, mais avec quelles difficultés et quels efforts! Au retour je me perdais; prenant, comme points de repère, les lumières du Bois-Noir, j'arrivai à retrouver ma section.

Ce fut alors, presque sans repos, le départ pour la tranchée. Exténué, je buttais deux fois, le souffle me manquait, le cœur battait à se rompre. Je n'étais plus qu'une pauvre brute, que les nécessités tragiques de la guerre obligeaient à marcher, au besoin à crever. Comment ai-je pu à travers le boyau si tortueux, si compliqué, coupé de pentes incommodes, parvenir à l'emplacement de ma section dans la tranchée, c'est ce que je me demande encore. Mes chefs se rendant compte de l'effort que je dus fournir eurent, à mon égard, une bienveillance touchante. L'adjudant C*** me fit donner de l'eau-de-vie; mon caporal S*** m'exemptant de garde toute la nuit, me donna une place dans une gitonne bien aménagée où, dans la mesure du possible, je pus refaire mes forces.

13 mai 1915. — Navré de n'avoir pu, aujourd'hui, accomplir mes devoirs religieux. Mais étant donné la discipline qui règne à Clermont, la difficulté qu'on a de se rendre en ville et de s'absenter quelque temps du cantonnement m'a empêché de réaliser mon désir. Ce soir, départ pour la région de Vauquois, où tant de souvenirs si douloureux sont attachés, que je ne puis m'y rendre sans appréhension et même sans dégoût; il me faut toute ma force d'âme pour recommencer ce calvaire.

16 mai 1915. — La messe a été célébrée en plein bois, à six heures et demie; je n'ai pu m'y rendre; paresse peut-être, fatigue aussi, car je me suis réveillé à sept heures moins vingt. Mais le Bon Dieu m'a sans doute pardonné.

23 mai 1915. — Aujourd'hui, jour de la Pentecôte, je me suis rendu à la messe de six heures, dans la chapelle de l'hôpital de Clermont; j'y ai fait la sainte Communion, m'étant confessé la veille au soir à l'aumônier après l'exercice du mois de Marie, auquel j'ai participé. Ainsi j'ai eu la plus douce et la plus profonde des satisfactions de pouvoir remercier Dieu et la Vierge d'avoir exercé sur moi leur toute puissante protection. A neuf heures, je suis retourné à la grand'messe ; mais je n'ai pu écouter le service religieux qu'à travers les portes : l'église était archibondée. Combien d'âmes égarées, indifférentes ou sceptiques retournent à la religion, sous l'effet des souffrances et des angoisses que par la guerre chacun de nous supporte ! Pour ceux-là, il y a quelque chose d'instinctif qui les appelle à l'Être tout-puissant qui peut tout et qui seul peut vous sauver des plus grandes douleurs. Donc point de faillite de la religion, mais toute cette immense souffrance qui de tous les points de la terre s'exhale des vies humaines, monte vers le ciel comme une prière sans fin et retombe en bénédictions et grâces divines. Donc résurrection de la religion....

Lorsque mon regard se reporte vers le sud, je songe à la vallée du Rhône, à la Méditerranée, au moment heureux entre tous où je pourrai les revoir dans le doux bien-être du foyer familial. Nous descendons la butte par le côté sud, on s'arrête au cimetière où un millier de camarades environ reposent dans la gloire. Nous sortons de cette visite aux morts, l'âme endeuillée, le cœur chargé de tristesse, l'intelligence en pleine méditation sur la guerre, ses causes, les effets de ce mal horrible. Mais l'heure n'est pas au découragement, et comme le vin dissipe la tristesse, nous sommes allés noyer nos sombres rêveries dans deux bonnes bouteilles de pomerol, et retrouver dans ce doux liquide la saine gaieté française.

1er juin 1915. — Le travail de la victoire et celui de l'installation de l'Europe nouvelle par les vainqueurs de demain, perce peu à peu et fait déjà sentir son efficacité. Le cercle de fer et de feu se dresse toujours plus formidable devant l'Allemagne en même temps que l'encerclement économique s'accentue. Déjà comme un fauve, le Boche, *au hasard*, essaie de donner de grands coups contre cette ceinture d'acier qui menace de l'étrangler, et à chaque choc sa force s'émiette, se disperse. L'heure de l'agonie sonnera; mais patience, car la bête a de l'ardeur, de l'orgueil, de la ténacité, qu'elle conservera jusqu'au dernier soubresaut. Plus rapidement s'écoule la vie des hommes que la réalisation des grands événements tracés par la philosophie de l'histoire. Aujourd'hui, sonnent mes vingt-six ans. L'an dernier je me berçais, à pareille époque, de la douce espérance que mai 1915 verrait mon entrée dans la carrière. Des événements du plus haut intérêt national sont venus anéantir cette espérance et combien d'autres encore; cela ne veut pas dire qu'elle ne se réalisera pas un jour, prochain peut-être, et que le fait d'avoir participé en vrai poilu à la guerre avant d'entrer dans la diplomatie, ne constituera pas pour moi, au moment d'entrer dans la carrière, la note la meilleure et peut-être la plus utile à ma réussite.

2 juin 1915. — A sept heures et demie, la compagnie se met en marche à travers bois; elle gagne les Ailleux, la Barricade et par le boyau de Vauquois elle prend ses emplacements au centre et à l'est du piton, parties certainement les plus exposées aux mines et crapouillots boches.... En face de moi se dessinent les premières pousses d'une prairie piétinée, saccagée par les attaques de cet hiver et qui, sous l'effet du bienfaisant soleil et des pluies réparatrices, a repris doucement vie. Toujours en face, mais en second plan, le mamelon Blanc dont la cime jadis fournie d'épais feuillages paraît aujourd'hui bien dénudée, tellement la pioche et la pelle s'y sont exercées. Les nombreux gourbis ressemblent à d'énormes trous noirs ; le va-et-vient continuel d'agents de liaison, de corvées, font penser à des fourmilières monstres en pleine activité. A l'ouest, un peu en arrière du mamelon Blanc, le mamelon tragique qui tout dénudé, ravagé, désolé se dresse comme un grand tertre, fraîchement remué, sous lequel soldats français et allemands, unis par une même mort sacrée, dorment pour l'éternité. Jadis, sur ce riant coteau, existait un village meusien, aux frais ombrages, aux jardinets coquettement et soigneusement peignés, aux maisons, tabernacles de l'intimité familiale. La petite église étendait une salutaire bénédiction sur cette ambiance de saine et champêtre tranquillité. Aujourd'hui, cette image de la paix s'est effrondrée, un grand tombeau est apparu qui chaque jour encore s'entr'ouvre pour recevoir ceux qui journellement tombent pour la conservation de ce terrain gagné parcelles par parcelles, au prix de flots de sang. Telles sont les visions, à jamais fixées dans ma mémoire, qui s'offrent à mon regard. Certes je ne puis me plaindre de la place qui, cette fois-ci, m'est échue : je partage mon temps entre la lecture, l'écriture et la méditation que me procure la nature qui m'environne. Le moins possible je tâche de rester oisif; j'ai pu me procurer quelques journaux, je les parcours, les annote quand quelques phrases retiennent mon esprit.

2 juillet 1915. — Nous travaillons donc à l'extrémité est du ravin. La besogne consiste à faire la chaîne pour se faire passer des blocs de pierre. Avec ma chemise débraillée et ouverte sur ma poitrine, mon pantalon bleu, mon teint bronzé et quelque peu... par la fatigue, mes mains tannées par le travail, combien je suis loin du diplomate, mais combien près du terrassier ! Tout cela coûte moins quand on sait qu'on l'exécute en vue de servir la plus noble et la plus sacrée des causes et que votre œuvre, si petite soit-elle, a sa part dans la victoire future de la France.

21 juillet 1915. — A dix heures on nous apprend la nouvelle : ce soir nous regagnons la tranchée. C'est non plus la Courte-Chausse mais le Bolante qui sera témoin de nos sacrifices, de notre abnégation. L'endroit est mauvais.

Les Boches y sont audacieux. C'est en ce point qu'ils prononcèrent l'attaque du 13 juillet, y voyant la deuxième ligne de pénétration vers Sainte-Ménéhould. Depuis, la nervosité y est intense. Que Dieu consente à protéger toujours son fidèle enfant; que la Vierge Marie, si douce, si noble, couvre constamment de son bleu manteau celui qui eut pour elle une dévotion profonde et immuable.

23 juillet 1915. — Tout le jour la pluie n'a cessé de tomber; je ne connais rien de plus triste que ce ciel bas et noir dans les bois. Mon âme a revêtu le manteau du ciel, elle est toute à la tristesse. Au milieu de cette atmosphère de grande mélancolie, je me laisse tristement aller aux rêves du passé, à tout ce qui a bercé ma jeunesse, soit gaiement soit mélancoliquement. Je vois Paris, mes heures de travail et de distraction. Je vois la maison familiale qui, suivant les garnisons de papa, se transporta à Avignon ou Nîmes; mes heures de collège; celles plus lointaines encore où, à la lueur tiède de la lampe, je commençais à m'instruire sous la direction de Mlles Nicolet, Hilaire, Jacquemin, ou sous celle de papa qui trouvait un moment, au milieu de ses occupations, pour me faciliter la tâche. Je revois ma chère Provence où s'écoula ma jeunesse gaie, exubérante. Que je revive les heures passées sur les bords de la Durance, dans les garrigues, les randonnées faites un peu partout dans Vaucluse, les Bouches-du-Rhône, c'est toujours la même émotion intense qui m'étreint jusqu'à m'arracher des larmes, et comme Lamartine, l'âme brisée, je m'écrie :

Ainsi toujours poussés vers de nouveaux rivages,
Dans la nuit éternelle emportés sans retour,
Ne pourrons-nous jamais, sur l'océan des âges,
Jeter l'ancre un seul jour ?

30 septembre 1915. — Ciel toujours très bas, profondément mélancolique. Les premiers frissons de l'hiver nous secouent. L'attente sur notre sort nous énerve; la pensée que demain, peut-être, nous pouvons nous trouver de nouveau dans l'horrible mêlée, nous remplit d'angoisse. Comme j'aime à revivre maintenant les heures de ma vie passée : celles d'Avignon, au milieu de la famille; celles de Paris, rue Bonaparte, ou à l'école des S. P. Ah! quelle volupté de replonger son souvenir dans ces heures déjà lointaines où, à la bibliothèque de l'école, je savourais, tandis que la bise glacée sifflait au dehors, quelque livre d'histoire! Oh! mon Dieu! accordez-moi la grâce suprême de revivre pareils moments.

AVIGNON, IMP. AUBANEL FRÈRES.

AUBANEL FRERES
AVIGNON

www.ingramcontent.com/pod-product-compliance
Ingram Content Group UK Ltd.
Pitfield, Milton Keynes, MK11 3LW, UK
UKHW022101260726
13993UKWH00001B/260

9 782019 921958